시편이 보여주는
가난한 자를 향한 하나님의 돌보심

나는
가난하고
궁핍하오니

나는 가난하고 궁핍하오니

시편이 보여주는 가난한 자를 향한 하나님의 돌보심

지은이 김 성수
펴낸이 이 운연
초판발행 2016년 9월 30일

펴낸곳 그라티아출판사
주소 전남 여수시 충민로 175(상가1호)
전화 070-7164-0191
팩스 070-7159-3838
홈페이지 http://www.4re.co.kr
이메일 luypark@hanmail.net
디자인 디자인집 02-521-1474
ⓒ 그라티아출판사 2016

값 10,000원

ISBN 979-11-87678-00-7 03230

Printed in Korea

시편이 보여주는
가난한 자를 향한 하나님의 돌보심

나는
가난하고
궁핍하오니

김 성수 지음

Psalm 10:1-18
Psalm 49:1-20

그라티아

contents

종교개혁 신앙강좌를 펴내며   6

1장 | 시편의 부와 가난   10
1. 구약 성경에서의 부와 가난   11
2. 시편에서의 부와 가난   24

2장 | 하나님은 가난한 자의 하나님인가?(시편 9-10편)   36
개요   36
구조   39
본문 주해   41
1. 서론적 감사 찬양(1-2절)   42
2. 감사 내용: 악인에 대한 심판과 시인에 대한 변호(3-6절)   45
3. 의로운 통치자, 가난한 자의 산성이신 하나님 찬양(7-10절)   49
4. 찬양으로의 초청(11-12절)   53
5. 감사 내용: 과거의 하나님의 구원에 대한 간증(13-18절)   55
6. 인생일 뿐인 나라들에 대한 심판의 간구(19-20절)   61
7. 탄식: 악인에 대한 고발(10:1-11)   63
8. 악인에 대한 심판과 가난한 자의 구원에 대한 간구(10:12-15)   72

9. 하나님의 의로운 통치에 대한 확신(10:16-18)　　　72

교훈과 적용　　　78

3장 | 하나님은 부자의 하나님은 아닌가?(시편 49편)　82

개요　　　82

구조　　　83

본문 주해　　　86

1. 서언: 지혜의 말을 들으라(1-4절)　　　87

2. 교만한 부자도 죽음을 면할 수 없기에
　두려워할 이유가 없다(5-12절)　　　90

3. 교만한 부자는 죽고 정직한 의인은 구원받기에
　두려워하지 말라(13-20절)　　　99

4. 결어: 짐승같이 멸망하는 어리석은 부자(20절)　　　107

교훈과 적용　　　107

4장 | 설교 세편　112

첫 번째 설교-"가난한 자를 잊지 마옵소서" 시편 10편 1-18절　　　112

두 번째 설교-"부를 자랑하는 자의 어리석음" 시편 49편 1-20절　　　125

세 번째 설교-"낮은 자를 일으키러 오시다" 시편 113:1-9　　　139

종교개혁 신앙강좌를 펴내며

개혁교회를 지향하는 수도권의 작은 교회들(관악/광
교장로/다우리/시냇가/온생명교회)이 연합하여 종교개혁 신앙
강좌를 열고 있습니다. 종교개혁 신앙강좌는 성경, 교회,
역사의 삼박자를 추구합니다. 우리는 성경과 역사를 살
피면서 교회를 향하신 하나님의 뜻을 찾아가고 있습니다.

개혁자들이 복음을 새롭게 발견하여 중세의 어둠을
혁파하였듯이, 우리는 우리 시대의 어둠을 물리치기 위
한 말씀을 구했습니다. 교회가 우리 시대의 긴급한 주제
를 정하여 교회의 교사들에게 성경을 풀어달라고 요청해

서 나온 산물이 이 종교개혁 신앙강좌 시리즈입니다. 그 동안 '믿음이란 무엇인가?¹', '회개란 무엇인가?', '성도의 교제란 무엇인가?²', '누가 새사람인가?³'를 다루었습니다.

　제5회 종교개혁 신앙강좌는 시편을 중심으로 '가난과 부'의 문제를 다루어 달라고 고려신학대학원의 김성수교수께 의뢰했습니다. 2014년 종교개혁을 맞는 10월에 우리는 시편을 통해 하나님이 가난한 자의 하나님이신지, 부자의 하나님은 되지 아니하시는지를 묵상했습니다. 하나님이 가난한 자의 하나님이신데, 그 가난한 자는 자신의 가난과 곤고와 고난의 문제를 가지고 하나님께 나아가는 자라는 것을 배웠습니다. 우리는 하나님으로 부요한 가난한 자가 되기를 기도했습니다. 신자는 자신의 가난을 하나님께 가지고 가는 가난한 자이면서 동시에 자신의 부를 결코 자랑하지 않는 부자라는 사실을 모든 교회와 더불어 나누기를 원합니다.

2016.10.2.

기획자, 안재경 목사(온생명교회)

시편의
부와 가난

Psalm 10:1-18
Psalm 49:1-20

1장

시편의 부와 가난

교회개혁운동을 일으킨 마르틴 루터는 가난한 자들을 제도적으로 보살펴야 한다고 주장하고, 궁핍한 자를 돕는 것이 하나님에 대한 큰 섬김이라고 하였다.[1] 이러한 개혁가의 생각은 칼뱅에게도 이어진다. 그는 중세 교회가 부를 축적하고 소유하는 것을 육적이고 세상적이라고 비판하였다.[2] 칼뱅은 빈부격차를 인정하고 사유재산제를 인정하면서도 사랑의 사회성을 강조하여, 공동체가 기금을 마련하여 곤란한 사람을 도와야 한다고 한다. 이런 사랑의 실천을 통해서 풍부한 사람도 없고 결핍한 사람도 없는 공동체를 만드는 것이 주님의 뜻이라고 주장한다.[3] 그래서 칼뱅은 실제로 그의 목회 속에서 '디아코니아' 사역으로 이를 실천하기도 하였다. 집사들을 통한 제네바 병원에서의 다양한 구호활동의 실천이 대표적인 경우이다.[4] 개인적으로 보자면 사랑의 구호활동을 통하여 성화와 회개의 한 방편으로서 자기를 부정하고 자신에 대해 죽는 것이 비로소 자리를 잡게 된다고 까지 한다.[5] 하나님은 부자들에게 자랑하라고 재산을 주시지 않으셨으며, 하나님께서 가난하게 하신 이유는 가난 속에서도 하나님을 원망하지 않고 감사하면서 살아가는 지를 시험하시기 위함이라고 칼뱅은 말한다.[6] 이러한 칼뱅의 생각은 신명기(신 15:4-5)나 잠언 등에서 발견될 수 있는 것으로 구약의 가난과 부에 대한 생각을 잘 반영하고 있다.

이처럼 종교개혁자들의 가난과 부에 대한 생각은 철저하게 성경에서 출발한다. 여기서는 구약 성경에서의 부와 가난의 개념에 대해서 살펴봄으로써 종교개혁가들의 주장의 의미를 되새겨 보도록 할 것이다.

1. 구약 성경에서의 부와 가난

1) 구약의 부자와 가난한 자

구약성경에서 부와 소유에 대한 전체적인 입장은 윌리암슨(H. G. M. Williamson)의 글에 잘 요약되어 있다. 그에 의하면 구약 성경은 첫째, 부와 재산의 소유에 대해서 구약 성경은 반대하지 않지만 부를 쌓기 위해서 압제와 착취와 약탈과 도둑질 등 불의한 방법들을 동원하는 것은 정죄한다. 둘째, 재산은 자동적으로 기대할 수 있는 것이 아니라 하나님께서 주셨으므로 하나님께 감사드려야할 이유가 된다. 하지만 이것이 무조건 가난을 하나님의 저주로 이해하도록 하지는 않는다. 셋째, 재산은 하나님이 주셨기 때문에 자신의 유익만을 위해서 사용되어서는 안 되고 하나님을 섬기는 일에 사용되어야 한다. 그 섬김이란 사회에 있는 힘없는 약자들을 돌보고 보호하는 것이다.[7]

또한 구약성경에서 말하는 가난은 단지 재산이 없는 가난도 말하지만 많은 경우는 '힘 없음'을 의미한다. 즉 고아와 과부, 나그네 등은 가난한 자들의 대표들인데 이들의 문제점은 사회에서 힘이 없다는 것이다. 그래서 지위가 없고 존경받지 못하며 힘 있고 악한 사람들의 약탈의 표적이 된다.[8] 사회적 권리들을 지키기도 힘들고 압제를 당할 가능성도 크고 보호받지 못할 가능성이 높은 사람들이다. 그래서 이들에게는 구제도 필요하지만 그들의 권리를 악한 자들로부터 하는 보호가 더 중요하다.[9] 가난의 원인들로는 땅의 척박함, 가뭄, 메뚜기 재앙, 동식

물의 전염병, 사고, 질병, 대적들의 침략, 게으름, 불의, 압제, 강탈, 노예, 법정에서의 불의 등 다양하다.[10]

2) 모세 오경과 역사서와 선지서에서의 부와 가난

모세의 율법에서는[11] 가난한 자들을 압제하지 말고, 그들을 너그럽게 도와주고, 가난한 자들이 힘이 없어서 법정 등에서 불이익을 당하지 않도록 보호하라고 명령하고 있다. 그리고 하나님께서 고아와 과부와 이방인들을 돌보시는 분이시기에 그들에게 선을 행하는 자에게 복을 주신다고 약속하고 있다. 항상 가난한 자들이 있겠지만 이스라엘 백성들이 그들에게 선을 행한다면 하나님께서 그들에게 복을 주셔서 가난한 자가 없게 될 것이라고 약속한다(신 15:4-5). 대표적인 성경 구절은 아래와 같다.

[신 10:18] 고아와 과부를 위하여 정의를 행하시며 나그네를 사랑하여 그에게 떡과 옷을 주시나니

[출 22:22] 너는 과부나 고아를 해롭게 하지 말라
[신 24:17] 너는 객이나 고아의 송사를 억울하게 하지 말며 과부의 옷을 전당 잡지 말라

[출 23:11] 일곱째 해에는 갈지 말고 묵혀두어서 네 백성의 가난한 자들이 먹게 하라 그 남은 것은 들짐승이 먹으리라 네 포도원과 감람원도 그리할지니라

[레 23:22] 너희 땅의 곡물을 벨 때에 밭 모퉁이까지 다 베지 말며 떨어진 것을 줍지 말고 그것을 가난한 자와 거류민을 위하여 남겨두라 나는 너희의 하나님 여호와이니라

[레 25:25] 만일 네 형제가 가난하여 그의 기업 중에서 얼마를 팔았으면 그에게 가까운 기업 무를 자가 와서 그의 형제가 판 것을 무를 것이요

[신 15:7] 네 하나님 여호와께서 네게 주신 땅 어느 성읍에서든지 가난한 형제가 너와 함께 거주하거든 그 가난한 형제에게 네 마음을 완악하게 하지 말며 네 손을 움켜쥐지 말고 8 반드시 네 손을 그에게 펴서 그에게 필요한 대로 쓸 것을 넉넉히 꾸어주라

[신 15:11] 땅에는 언제든지 가난한 자가 그치지 아니하겠으므로 내가 네게 명령하여 이르노니 너는 반드시 네 땅 안에 네 형제 중 곤란한 자와 궁핍한 자에게 네 손을 펼지니라

[신 24:15] 그 품삯을 당일에 주고 해 진 후까지 미루지 말라 이는 그가 가난하므로 그 품삯을 간절히 바람

이라 그가 너를 여호와께 호소하지 않게 하라 그렇지 않
으면 그것이 네게 죄가 될 것임이라

　　[신 14:29] 너희 중에 분깃이나 기업이 없는 레위인
과 네 성중에 거류하는 객과 및 고아와 과부들이 와서 먹
고 배부르게 하라 그리하면 네 하나님 여호와께서 네 손
으로 하는 범사에 네게 복을 주시리라

　　이상의 율법들은 부자와 가난한 자의 존재 자체를
부정하지는 않는다. 그러면서도 세상의 다른 나라들처
럼 빈부의 격차를 심화시키지 않고 함께 하나님의 복을
누리며 살 수 있도록, 자발적으로 부자가 가난한 자들을
돕도록 격려하고, 부자들이나 통치자들이 힘없는 자들
을 압제하거나 그들의 것을 탈취하지 않도록 명령하고
있다. 이것은 하나님 나라 백성 이스라엘이 세상 나라들
과 구별되어서 하나님의 복을 받고 그 복을 나눠줄 수 있
는 길 중의 하나였다. 그래서 이러한 율법의 정신은 역사
서, 시가서, 선지서의 기초가 되고 있다.

　　역사서에서는 빈부에 대한 교훈들이 많이 나오지는
않지만 가난과 부에 대한 율법의 정신들을 암시하는 사
건들을 기록하기도 한다. 여호수아서의 공정한 땅 분배
는 빈부격차의 근본적인 원인을 해소하고 있고, 룻기에

서 보아스가 나오미 가정의 기업을 무르는 사건이나 계대 결혼에 헌신하는 사건은 가난한 자에 대한 하나님의 사랑의 실천이다. 사무엘서의 신학을 보여주는 한나의 노래는 "여호와는 가난한 자를 진토에서 일으키시며 빈궁한 자를 거름더미에서 올리사 귀족들과 함께 앉게 하시며 영광의 자리를 차지하게 하시는" 분으로 묘사한다 (삼상 2:8). 또 도망자 다윗은 사울에 의해 고통당하는 가난하고 힘 없는 자들의 왕이 되어주지만, '부자' 왕으로서 '가난한' 신하 우리야로부터 아내를 뺏는 불의를 행하기도 한다(삼하 11-12장, 나단의 비유 참조). 한편, 열왕기서에서는 악한 왕 아합이 나봇의 포도원을 탈취하는 사건이 등장하는데(왕상 21장), 강한 자가 율법을 어기고 약한 자의 재산을 탈취하는 전형적인 사건이다. 이것은 가난한 자들을 돌보는 엘리야와 엘리사의 모습과 대조적이다. 그들은 마치 하나님의 이상적인 왕들처럼(시 72편) 가난하고 힘없는 과부들을 돕고 선지 생도들을 돕는다(왕상 17장; 왕하 4장). 포로 귀환 공동체의 이야기를 다루는 느헤미야 5장에서도 총독 느헤미야가 가난한 자들의 부르짖음을 듣고 자신을 희생하면서까지 부자들에게 공의를 행하고 자비를 베풀도록 조치하는 장면이 나온다.

선지서에는[12] 가난한 자에 대한 율법에 기초하여 주로 죄를 지적하고 심판을 선언하는 내용들이 많이 나온다. 부자들과 힘 있는 자들이 가난한 자들과 힘없는 자들의 재산과 토지를 강탈하고 그들에게 불의를 행하는 죄악에 대한 심판의 경고들이 자주 등장한다(사 1:21-26; 3:13-15; 5:8; 10:1-4; 58:3-7; 겔 22:13; 암 2:6; 4:1-3; 6:1-7). 가난한 자의 재판을 불공평하게 해서 그들의 권리와 재산을 탈취하는 일에 대해서도 경고한다. 그러면서도 하나님께서 가난한 자들의 요새와 피난처 되심을 선언하는 본문도 있고, 가난한 자의 억울함을 풀어주고 공정하게 통치할 메시야의 오심을 예언하는 본문들도 존재한다.

[사 3:14-15] 여호와께서 자기 백성의 장로들과 고관들을 심문하러 오시리니 포도원을 삼킨 자는 너희이며 가난한 자에게서 탈취한 물건이 너희의 집에 있도다 어찌하여 너희가 내 백성을 짓밟으며 가난한 자의 얼굴에 맷돌질하느냐 주 만군의 여호와 내가 말하였느니라 하시도다

[사 10:2] 가난한 자를 불공평하게 판결하여 가난한 내 백성의 권리를 박탈하며 과부에게 토색하고 고아의 것을 약탈하는 자는 화 있을진저

[사 1:23] 네 고관들은 패역하여 도둑과 짝하며 다

뇌물을 사랑하며 예물을 구하며 고아를 위하여 신원하지 아니하며 과부의 송사를 수리하지 아니하는도다

[렘 5:28] 살지고 윤택하며 또 행위가 심히 악하여 자기 이익을 얻으려고 송사 곧 고아의 송사를 공정하게 하지 아니하며 빈민의 재판을 공정하게 판결하지 아니하니

[겔 22:29] 이 땅 백성은 포악하고 강탈을 일삼고 가난하고 궁핍한 자를 압제하고 나그네를 부당하게 학대하였으므로

[암 4:1] 사마리아의 산에 있는 바산의 암소들아 이 말을 들으라 너희는 힘 없는 자를 학대하며 가난한 자를 압제하며 가장에게 이르기를 술을 가져다가 우리로 마시게 하라 하는도다

[암 5:12] 너희의 허물이 많고 죄악이 무거움을 내가 아노라 너희는 의인을 학대하며 뇌물을 받고 성문에서 가난한 자를 억울하게 하는 자로다

[겔 22:7] 그들이 네 가운데에서 부모를 업신여겼으며 네 가운데에서 나그네를 학대하였으며 네 가운데에서 고아와 과부를 해하였도다

[말 3:5] 내가 심판하러 너희에게 임할 것이라 점치는 자에게와 간음하는 자에게와 거짓 맹세하는 자에게와

품꾼의 삯에 대하여 억울하게 하며 과부와 고아를 압제하며 나그네를 억울하게 하며 나를 경외하지 아니하는 자들에게 속히 증언하리라 만군의 여호와가 말하였느니라

[사 11:4] 공의로 가난한 자를 심판하며 정직으로 세상의 겸손한 자를 판단할 것이며 그의 입의 막대기로 세상을 치며 그의 입술의 기운으로 악인을 죽일 것이며

[사 25:4] 주는 포학자의 기세가 성벽을 치는 폭풍과 같을 때에 빈궁한 자의 요새이시며 환난 당한 가난한 자의 요새이시며 폭풍 중의 피난처시며 폭양을 피하는 그늘이 되셨사오니

[사 61:1] 주 여호와의 영이 내게 내리셨으니 이는 여호와께서 내게 기름을 부으사 가난한 자에게 아름다운 소식을 전하게 하려 하심이라 나를 보내사 마음이 상한 자를 고치며 포로된 자에게 자유를, 갇힌 자에게 놓임을 선포하며

[렘 20:13] 여호와께 노래하라 너희는 여호와를 찬양하라 가난한 자의 생명을 행악자의 손에서 구원하셨음이니라

[렘 49:11] 네 고아들을 버려도 내가 그들을 살리리라 네 과부들은 나를 의지할 것이니라

3) 지혜서

잠언에서 말하는 부에 대한 견해는 대체적으로는 율법과 선지서들과 일치한다. 부는 하나님의 선물이자 의로운 자에 대한 상급이다. 그렇다고 부가 의인과 악인을 가르는 기준은 아니다. 때로는 불의한 소득보다 적은 소유를 가져도 의로운 편이 더 나음을 강조하기 때문이다(15:6; 13:23). 잠언은 그러면서도 가난은 현실에서 사람들이 멀리하는 이유가 될 수 있음도 말해준다. 가난은 고통스럽고 불편하고 노예가 되게 하고 소외시키며 하나님을 원망하는 요인이 된다. 반면 잠언은 부가 하나님을 잊게 하는 유혹거리가 될 수 있음도 강하게 지적한다(30:8-9). 또 잠언은 자주 교훈한다. 게으름과 방탕이 가난을 가져오며 근면함이 부를 가져다준다고(10:4). 물론 이것도 일반적인 원칙이지 절대적 표준은 아니다. 불의한 방법으로 얻는 재산에 대해서도 잠언은 언급하기 때문이다(10:2). 또한 잠언은 율법서처럼 하나님께서 가난한 자들의 억울함을 변호하심을 교훈하면서 가난한 자에게 한 것이 하나님께 한 것이라고 직접적으로 교훈한다(14:31; 17:5; 15:25; 22:2; 29:13). 가난한 자들에게 자비를 베풀라고 자주 가르치고(14:21; 22:9; 11:24-25; 28:27),[13] 그것이 왕과 통치자들의 임무임도 강조한다(31:9). 한편 욥기(특별히 29, 31장)는 간접적으로 가난한 자들을 돕는 것이 '의'의 구성 요소 중에서 매우 중요함을 암시하고 있다. 아래의 구절들을 참고하라.

[욥 31:13-22] 만일 남종이나 여종이 나와 더불어 쟁론할 때에 내가 그의 권리를 저버렸다면 14 하나님이 일어나실 때에 내가 어떻게 하겠느냐 하나님이 심판하실 때에 내가 무엇이라 대답하겠느냐 15 나를 태 속에 만드신 이가 그도 만들지 아니하셨느냐 우리를 뱃속에 지으신 이가 한 분이 아니시냐 16 내가 언제 가난한 자의 소원을 막았거나 과부의 눈으로 하여금 실망하게 하였던가 17 나만 혼자 내 떡덩이를 먹고 고아에게 그 조각을 먹이지 아니하였던가 18 실상은 내가 젊었을 때부터 고아 기르기를 그의 아비처럼 하였으며 내가 어렸을 때부터 과부를 인도하였노라 19 만일 내가 사람이 의복이 없이 죽어가는 것이나 가난한 자가 덮을 것이 없는 것을 못 본 체 했다면 20 만일 나의 양털로 그의 몸을 따뜻하게 입혀서 그의 허리가 나를 위하여 복을 빌게 하지 아니하였다면 21 만일 나를 도와 주는 자가 성문에 있음을 보고 내가 주먹을 들어 고아를 향해 휘둘렀다면 22 내 팔이 어깨 뼈에서 떨어지고 내 팔 뼈가 그 자리에서 부스

러지기를 바라노라

[잠 10:4] 손을 게으르게 놀리는 자는 가난하게 되고 손이 부지런한 자는 부하게 되느니라

[잠 28:19] 자기의 토지를 경작하는 자는 먹을 것이 많으려니와 방탕을 따르는 자는 궁핍함이 많으리라

[잠 10:15] 부자의 재물은 그의 견고한 성이요 가난한 자의 궁핍은 그의 멸망이니라

[잠 19:4] 재물은 많은 친구를 더하게 하나 가난한즉 친구가 끊어지느니라

[잠 19:7] 가난한 자는 그의 형제들에게도 미움을 받거든 하물며 친구야 그를 멀리 하지 아니하겠느냐 따라가며 말하려 할지라도 그들이 없어졌으리라

[잠 19:1] 가난하여도 성실하게 행하는 자는 입술이 패역하고 미련한 자보다 나으니라

[잠 28:6] 가난하여도 성실하게 행하는 자는 부유하면서 굽게 행하는 자보다 나으니라

[잠 11:24] 흩어 구제하여도 더욱 부하게 되는 일이 있나니 과도히 아껴도 가난하게 될 뿐이니라

[잠 14:31] 가난한 사람을 학대하는 자는 그를 지으
신 이를 멸시하는 자요 궁핍한 사람을 불쌍히 여기는 자
는 주를 공경하는 자니라

[잠 17:5] 가난한 자를 조롱하는 자는 그를 지으신
주를 멸시하는 자요 사람의 재앙을 기뻐하는 자는 형벌
을 면하지 못할 자니라

[잠 22:2] 가난한 자와 부한 자가 함께 살거니와 그
모두를 지으신 이는 여호와시니라

[잠 29:14] 왕이 가난한 자를 성실히 신원하면 그의
왕위가 영원히 견고하리라

[잠 31:9] 너는 입을 열어 공의로 재판하여 곤고한
자와 궁핍한 자를 신원할지니라

[잠 28:15] 가난한 백성을 압제하는 악한 관원은 부
르짖는 사자와 주린 곰 같으니라

[잠 23:10]옛 지계석을 옮기지 말며 고아들의 밭을
침범하지 말지어다

[잠 30:8-9] 곧 헛된 것과 거짓말을 내게서 멀리 하
옵시며 나를 가난하게도 마옵시고 부하게도 마옵시고 오
직 필요한 양식으로 나를 먹이시옵소서 혹 내가 배불러
서 하나님을 모른다 여호와가 누구냐 할까 하오며 혹 내

가 가난하여 도둑질하고 내 하나님의 이름을 욕되게 할
까 두려워함이니이다

2. 시편에서의 부와 가난

시편도 모세오경이나 선지서가 말하는 가난과 부
에 대한 기본적인 윤리에 대해서 동의하고 있다. 그러면
서 특별히 부각시키고 있는 부분은 하나님께서 가난한
자들의 하나님이시라는 점이다. 특별히 이 세상에서 어
떤 것도 의지할 수 없어서 하나님께로 피하여 간구하는
'가난한 자'를 지키시고 구원하시는 하나님이시라는 주
제가 많은 시편들의 기본적인 전제이다. 그분은 '고아의
아버지이시며 과부의 재판장'이시다(68:5).

시편에는 '가난한 자'를 가리키는 어휘들이 자주 등
장한다. דַּךְ 닥 '압제당하는 자'(9:9, 10:18), עָנִי 아니 '가난한
자'(9:12,13, 10:2,9,12), עָנָו 아나브 '가난한 자'(9:18, 10:17), אֶבְיוֹן
에브온 '궁핍한 자'(9:18), חֵלְכָה 헬카 '힘없는 자' (10:8,10),
יָתוֹם 야톰 '고아'(10:14, 18), אַלְמָנָה 알마나 '과부'(94:6), עֲשׁוּקִים
아슈킴 억압당하는 자'(103:6), רָל 달 '빈궁한 자'(113:7), רָשׁ
라쉬 (82:3) 등이다. 이러한 단어들은 대적들에 의해서 핍
박과 압제를 당하는 자, 다양한 고난을 당한 자, 경제적으
로 궁핍한 자, 의로운 자 등의 의미로 사용되고 있다. 이

용례들은 어원적인 의미를 찾기보다는 문맥에서 어떻게 사용되고 있는 지를 살펴봐야 제대로 알 수 있다. 위의 단어들이 시편에서 사용된 용례들에 대해서 연구한 터커(Dennis Tucker, Jr.)에 의하면 99 용례 중 절반 이상이 경제적인 가난을 가리키고, 37회 정도가 대적들이나 다양한 이유들로 인해 고통 받는 자를 의미한다.[15] 즉 이들은 재산과 권력의 부재로 주변의 힘 있는 자들에게 압제와 착취를 당하거나 불의를 당할 위협에 처해 있는 자들로 묘사되고 있다는 것이다.[15] 터커의 연구는 매우 의미 있지만 시편에서 '가난한 자'와 관련된 단어들의 용례는 때로는 복합적으로 섞여있어서 터커가 나눈 네 가지의 용례조차도 엄밀하게 구분하기 힘들 때가 많다.

한편 김 태경은 그의 논문에서[16] 먼저 신앙고백적 차원에서 '개인적인 삶의 고난으로서의 가난'(시 25, 34, 70, 86, 102편)과 '이스라엘의 정치적 자기 규정으로서의 가난'(시 74, 147, 149편)을 다룬다. 전자는 삶의 위기에 직면한 개인이 스스로 가난하다고 고백하면서, 자신의 가난함을 종교적이고 윤리적인 가난과 동일시하면서 하나님께 구원을 요청하는 근거로 삼는다.[17] 반면 후자는 개인이 아닌 정치적인 공동체로서 이스라엘의 정치적인 회복을 위해서 가난을 토대로 여호와의 구원을 요청한다.[18] 또한 김 태경은 계속해서 '사회-경제적으로 가난한 계층이 지닌 경제 신학'(시편 9/10, 69, 109편)을 다루고, '사회-경제적으로 부유한 계층이 지닌 경제 신학'(시편 37, 49, 52, 73, 112편)을 다룬다. 그에 의하면 전자에서는 가난한 시인이 자신의 경제적 가난을 종교적이고 도덕적인 의로움으로 여기면서 부유한 상류층인 대적들을 고발하고 종말론적인 하나님의 심판을 간구한다. 물론 시인은 경제적 빈곤으로 인한 절망감과 무력감, 하나님에 대한 원망, 원수에 대한 저주를 표현하기도 한다.[19] 하지만 후자에서는 하류층에 속한 청중들을 향해서는 불의한 부자들에 대한 분노를 멈추고, 불평하지 말고, 부유한 자들을 시기하지 말고, 믿음을 가지고 하나님의 도우심을 기다리라고 충고한다(37편).[20] 반대로 부자들에게는 하나님을 의지하고 재물을 의지하지 말 것을 요청하고 가난한 자를 억압하는 이기적인 부자들을 '악인'으로 규정하면서 멸망과 심판을 선언하고 공개적으로 비판한다.[21] 이상의 김 태경의 연구는 경제적인 측면에서 가난한 자와 부자에 대한 시편 기자들의 입장을 잘 정리해주고 있다.

한편 크라우스는 시편의 '가난한 자'에 대한 신학적인 정리를 하고 있다. 그의 신학적 접근은 주로 '가난한 자'가 적대적인 세력들의 공격을 당하는 자임을 전제하면서 그가 성전에 계신 하나님께로 피하는 부분을 강조한다. 그의 주장의 일부를 인용한다.

시편에서 '가난한 자'는 그들의 '원수들'의 희생자다. 이러한 '가난'의 상황의 본질적인 특징은 적대적인 세력들에 의한 공격과 그 결과로 초래되는 절실하게 도움이 필요한 고통스러운 상황이다. '가난한 자들'은 무엇보다도 핍박받고, 중상모략을 당하고, 무고하게 고발당하며, 대적들의 엄청난 힘에 대항하여 스스로를 방어할 수 없는 자들로 나타나고 있다. 그들은 여호와께로 피하고 성전에서 의로우신 재판장이신 여호와께 자신들의 억울한 소송을 올려드린다. '가난한 자들'은 그러므로 정의로운 판결을 얻는 일에서 여호와께 자비와 도움을 요청하는 사람이다(시 9:18; 10:2, 8-11; 18:27; 35:10; 74:19).[22]

개인이든 공동체든 그들은 힘 있는 나라들이나 대적들에 의해 불의하게 고통을 당하는 '가난한 자'로서 오직 하나님에게 대적들에 대한 심판을 의뢰한다. 이들에 대한 심판은 시인의 의로움에 대한 변호와 다르지 않다.

그래서 시편에는 여호와를 재판장이나 왕으로 부르는 본문들이 많다. 다른 구약성경에서처럼 시편 기자들도 여호와를 불의를 당하고 힘없는 사람들의 보호자로 거듭거듭 강조한다. 크라우스가 시편의 '가난한 자'에 대해서 내린 정의에 대해서 다시 한 번 귀를 기울여 보자.

'가난한 자'들은 불의를 당하고 힘과 지위도 갖고 있지 않아서 무한의 권력을 가진 대적들의 자비에 목숨이 달린 사람들이다.
'가난한 자'들은 사회적인 지위도 없고, 혜택도 누리지 못하며, 정의로운 판결을 얻을 수 없는 무능력함 … '가난한 자'들은 양식도 없고(132:15), 강탈당하고(3:14), 땅과 소유가 없고, 빼앗기고, 이방인처럼 된 사람이다 … '가난한 자'들은 생존을 위한 싸움에서 불이익을 당하고 무력한 사람들이다. 아무도 그들을 도와주지 않는다. 그들은 시편에서 자주 말하듯이 '도움이 없는' 자들이다. 하지만 그들은 여호와에게서 위로와 지원을 발견한다. 그들은 그분이 자신들의 인생의 운명을 바꿔주시길 바란다.[23]

이러한 의로운 재판관으로서의 역할은 인간 왕에 의해 수행되어야 한다. 시편 72편은 가난한 자들을 위해서 정의를 실행하는 일에 앞장서야할 왕의 이상에 대해서 잘 노래하고 있다.

또 크라우스에 의하면 시편에서 사회적으로 불의를 당하여 하나님의 의로운 심판을 간구하는 가난한 자들은 영적인 의미에서 보자면 "자신들의 고통으로 말미암아 여호와만을 의지하게 된 사람들"이다. 그들은 "자신들 안에 아무 것도 없는 사람들로서 하나님으로부터 모든 것을 받기를 기다리고 소망하는 자들"이다.[24] 그래서 그들은 시온으로 순례를 떠나 성전 경내로 피하여, 여호와께서 구원의 기적을 베푸실 것을 확신하면서 열심히 자신들의 도움과 구원이신 하나님께 탄식과 간구를 올린다. 그리고 가난한 자를 도우시고 구원하신 정의로운 하나님의 사역의 목격자가 되어 그의 통치에 대해 간증하고 찬양을 드리게 된다(시 9:18; 10:17; 18:27; 22:26; 25:9; 37:11; 69:33; 147:6; 149:4).[25]

크라우스는 결론 내리기를 시편의 '가난한 자'는 힘센 대적들에 의해 실제적인 '가난'과 '고난'을 겪는 자들로서 영적인 가난만을 의미하거나 어떤 종교적인 계파를 대표하지 않는다고 한다.[26]

시편에 등장하는 가난과 부와 관련된 본문들은 아래와 같다.

[시편 9:12] 피 흘림을 심문하시는 이가 그들을 기

억하심이여 가난한 자의 부르짖음을 잊지 아니하시도다

[시편 10:12] 여호와여 일어나옵소서 하나님이여 손
을 드옵소서 가난한 자들을 잊지 마옵소서

[시편 14:6] 너희가 가난한 자의 계획을 부끄럽게
하나 오직 여호와는 그의 피난처가 되시도다

[시편 34:10] 젊은 사자는 궁핍하여 주릴지라도 여
호와를 찾는 자는 모든 좋은 것에 부족함이 없으리로다

[시편 35:10] 내 모든 뼈가 이르기를 여호와와 같은
이가 누구냐 그는 가난한 자를 그보다 강한 자에게서 건
지시고 가난하고 궁핍한 자를 노략하는 자에게서 건지
시는 이라 하리로다

[시편 37:14] 악인이 칼을 빼고 활을 당겨 가난하
고 궁핍한 자를 엎드러뜨리며 행위가 정직한 자를 죽이
고자 하나

[시편 40:17] 나는 가난하고 궁핍하오나 주께서는
나를 생각하시오니 주는 나의 도움이시요 나를 건지시
는 이시라 나의 하나님이여 지체하지 마소서

[시편 68:10] 주의 회중을 그 가운데에 살게 하셨나
이다 하나님이여 주께서 가난한 자를 위하여 주의 은택
을 준비하셨나이다

[시편 69:29] 오직 나는 가난하고 슬프오니 하나님

이여 주의 구원으로 나를 높이소서

[시편 72:2] 그가 주의 백성을 공의로 재판하며 주의 가난한 자를 정의로 재판하리니

[시편 72:4] 그가 가난한 백성의 억울함을 풀어 주며 궁핍한 자의 자손을 구원하며 압박하는 자를 꺾으리로다

[시편 72:12-13] 그는 궁핍한 자가 부르짖을 때에 건지며 도움이 없는 가난한 자도 건지며

13 그는 가난한 자와 궁핍한 자를 불쌍히 여기며 궁핍한 자의 생명을 구원하며

[시편 82:3]가난한 자와 고아를 위하여 판단하며 곤란한 자와 빈궁한 자에게 공의를 베풀지며

[시편 113:7] 가난한 자를 먼지 더미에서 일으키시며 궁핍한 자를 거름 더미에서 들어 세워

[시편 140:12] 내가 알거니와 여호와는 고난 당하는 자를 변호해 주시며 궁핍한 자에게 정의를 베푸시리이다

[시편 10:14] 주께서는 보셨나이다 주는 재앙과 원한을 감찰하시고 주의 손으로 갚으려 하시오니 외로운 자가 주를 의지하나이다 주는 벌써부터 고아를 도우시는 이시니이다

[시편 10:18] 고아와 압제 당하는 자를 위하여 심판하사 세상에 속한 자가 다시는 위협하지 못하게 하시

리이다

[시편 68:5] 그의 거룩한 처소에 계신 하나님은 고아의 아버지시며 과부의 재판장이시라

[시편 146:9] 여호와께서 나그네들을 보호하시며 고아와 과부를 붙드시고 악인들의 길은 굽게 하시는도다

[시편 10:2] 악한 자가 교만하여 가련한 자를 심히 압박하오니 그들이 자기가 베푼 꾀에 빠지게 하소서

[시편 142:6] 나의 부르짖음을 들으소서 나는 심히 비천하니이다 나를 핍박하는 자들에게서 나를 건지소서 그들은 나보다 강하니이다

[시편 17:14] 여호와여 이 세상에 살아 있는 동안 그들의 분깃을 받은 사람들에게서 주의 손으로 나를 구하소서 그들은 주의 재물로 배를 채우고 자녀로 만족하고 그들의 남은 산업을 그들의 어린 아이들에게 물려 주는 자니이다

[시편 39:6] 진실로 각 사람은 그림자 같이 다니고 헛된 일로 소란하며 재물을 쌓으나 누가 거둘는지 알지 못하나이다

[시편 49:6] 자기의 재물을 의지하고 부유함을 자랑하는 자는

[시편 49:10] 그러나 그는 지혜 있는 자도 죽고 어

리석고 무지한 자도 함께 망하며 그들의 재물은 남에게 남겨 두고 떠나는 것을 보게 되리로다

[시편 52:7] 이 사람은 하나님을 자기 힘으로 삼지 아니하고 오직 자기 재물의 풍부함을 의지하며 자기의 악으로 스스로 든든하게 하던 자라 하리로다

[시편 62:10] 포악을 의지하지 말며 탈취한 것으로 허망하여지지 말며 재물이 늘어도 거기에 마음을 두지 말지어다

[시편 73:12] 볼지어다 이들은 악인들이라도 항상 평안하고 재물은 더욱 불어나도다

[시편 112:3] 부와 재물이 그의 집에 있음이여 그의 공의가 영구히 서 있으리로다

[시 112:9] 그가 재물을 흩어 빈궁한 자들에게 주었으니 그의 의가 영구히 있고 그의 뿔이 영광 중에 들리리로다

제2장

하나님은
가난한 자의
하나님인가?
(시편 9-10편)

Psalm 10:1-18
Psalm 49:1-20

하나님은 가난한 자의 하나님인가?

(시편 9-10편)

시편의 개요

시편 9편과 10편은 아마도 하나의 시편이었던 것으로 보인다. 9편과 10편은 엉성하기는 하지만 히브리 알파벳 순서대로 각 절을 시작하는 알파벳 이합체 시의 연결을 보이고 있다. 9편이 히브리어 처음의 알파벳 열 개('달렛' 부분이 빠진 '알렙'부터 '카프'까지)의 순서대로 절들을 시작한다면, 10편은 다섯 개('멤'부터 '아인'까지 여섯 개가 빠진 '라멛'부터 '타브'까지)의 절들이 알파벳 순서대로 시작된다. 이러한 연결성은 다른 면들에서도 나타난다. 먼저, 칠십인역에서는 9-10편이 하나의 시편으로 되어 있어서 맞소라 사본과 시편의 순서가 여기부터 달라진다. 칠십인역의 이런 순서는 라틴어 역본인 불가타에서도 동일하다. 그리고 10편에는 표제가 빠져있는데 이것은 아마도 이 시편이 9편의 연속임을 반영하는 것 같다. 무엇보다 두 시편은 주제 상 매우 밀접하게 연결되어 있다. 이 두 시편은 전반적으로 하나님을 '가난한 자를 악한 압제자들로부터 구원하시는 왕'으로 그린다(9:9, 12, 18; 10:12, 14, 17-18). 그래서 이 두 시편에는 '가난한 자'를 가리키는 어휘들이 자주 등장한다(דַּךְ 닥 '압제를 당하는 자' - 9:9, 10:18, עָנִי 아니 '가난한 자'- 9:12,13, 10:2,9,12, עָנָו 아나브 '가난한 자' - 9:18, 10:17, אֶבְיוֹן 에브욘 '궁핍한 자' - 9:18, חֵלְכָה 헬카 '힘없는 자' - 10:8,10, יָתוֹם 야톰 '고아' 10:14, 18). 이와 더불어 "여호와는 압제를 당하는 자의 산성"(9:9), "주는 고아를 도우시는 분"(10:14) 등의 표현이나, "가난한 자의 부르짖음을 잊지 아니하시도다"(9:12), "궁핍한 자가 항상 잊어버림을 보지 아니함이여"(9:18), "가난한 자를 잊지 마옵소서"(10:12), "주는 겸손한 자의 소원을 들으셨으니"(10:17), "고아와 압박당하는 자를 위하여 심판하사"(10:18) 등의 표현들도 동일한 주제를 말하고 있다. 하나님의 공의로운 심판을 강조하기 위해서 두 시편은 '심판하다' 혹은 '심판' '송사' 등의 의미를 갖는 어근 שָׁפַט(샤파트)를 자주 사용하고(9:4,7,8,16,19, 10:5,18), 하나님을 악인들의 악을 '찾으시는'(ידרש 다라쉬 '감찰하시는') 분으로 묘사한다(9:12, 10:13). 이 외에도 두 시편은 '악인들'의 모습에 대해서 비슷하게 묘사한다. 그들은 '가난한 자'를 잡으려고 몰래 음모를 꾸미지만 그 꾀에 자신이 빠질 수밖에 없는 자들이다(9:15-16, 10:2, 8-10). 또한 두 시편은 이들을 특이하게도 높으신 하나님과 대조되는 '인생'(אֱנוֹשׁ 에노쉬 9:19-20, 10:18)으로 표현하고 있다. 그 외에도 둘 다 '환난 때'(לְעִתּוֹת בַּצָּרָה 레잇톳 밧차라, 9:9, 10:1)라는 독특한 표현을 함께 사용하고 있고, 여호와께 '일어나시길'(קוּמָה יְהוָה 쿰마 야훼) 간구한다(9:19, 10:12). 결론적으로 말하자면 두 시편은 42-43편처럼 원래 하나의 시편이었는데 예배에서의 사용 목적에 따라 두 편으로 분리된 것으로 보인다.

이상에서 살펴본 두 시편의 밀접한 연결성과는 달리 9편과 10편의 분위기는 사뭇 다르게 보인다. 9편에는 하나님의 의로운 통치와 심판을 찬양하는 내용이 압도적으로 많은 데 비해, 10편은 악인들에 대한 고발과 하나님의 의로운 구원을 간구하는 기도가 지배적이다. 하지만 두 시편을 연결해서 생각해보면, 9편 1-18절은 과거의 구원에 대한 감사 찬양으로 볼 수 있고, 9편 19-20절과 10편은 이러한 감사에 기초하여 새로운 고난 상황에서 드리는 탄식과 간구로 볼 수 있을 것이다.[1] 즉, 전체적으로는 둘 다 개인이 드리는 기도시의 형식을 갖는다. 9편에서는 대적들이 주로 '나라들'(5, 15, 17, 19, 20절)로 나오고 10편에서는 주로 '악인'(2, 3, 4, 13, 15절)으로 나오지만, 9편에서도 열방을 '악인'으로 표현하고(5, 16, 17절) 10편에서도 '나라들'(16절)이 등장하기 때문에 개인적 대적과 국가적 대적이 교차적으로 거론되고 있다고 좋아 보인다.

이 시편의 역사적 배경은 불확실하다. 단지 내용적으로 볼 때에 왕으로서 다윗은 과거에 하나님께서 자신과 이스라엘에게 베푸신 개인적이고 국가적인 구원들에 기초하여 현재의 새로운 위기에서 건져주시길 기도하고 있다고 말할 수 있다. 그 위기가 외부적인 것인지, 아니면 내부적인 것인지는 명확하지 않다. 단지 두 시편은 모두 하나님께서 '가난한 자'인 시인 자신 혹은 이스라엘을 강하고 악한 대적들로부터 구원해 주시길 간구하고 있다. 무엇보다 이 시편들은 '가난한 자를 잊지 않으시는 하나님'에 대한 신뢰와 확신을 강조하고 있다.

시편의 구조

9편 1-18절이 기도를 위한 긴 서론(확신의 고백)이라면,[2] 즉 과거의 구원을 회상하면서 드리는 감사라면 크게는 9편 1-18절 부분과 그 이후 부분으로 나눌 수 있을 것이다. 하지만 10편 전체 또한 하나의 통일성을 가지고 있기 때문에 9편과 10편 각각의 구조를 살피는 것이 더 유익하겠다. 감사 시편과 기도 시편들이 갖는 요소를 따라서 구조를 분석하면 다음과 같다.

9편
1-18절 하나님의 의로운 통치와 구원에 대한 감사
1-2절 서론적 감사 찬양
3-6절 감사 내용: 악인에 대한 심판과 시인에 대한 변호
7-10절 의로운 통치자, 가난한 자의 산성이신 하나님 찬양
11-12절 찬양으로의 초청
13-18절 감사 내용: 과거의 하나님의 구원에 대한 간증
19-20절 인생일 뿐인 나라들에 대한 심판의 간구

10편
1-11절 탄식: 악인에 대한 고발
12-15절 악인에 대한 심판과 가난한 자의 구원에 대한 간구

16-18절 하나님의 의로운 통치에 대한 확신

9편의 핵심 부분인 7-10절(10:16)의 찬양은 시인의 경험(9:3-6, 13-18)에 근거한 고백이며, 9-10편 전체에 강한 확신의 분위기를 심어주고(10:16-18), 악인을 고발하며(10:1-11) 그 악인으로부터의 구원을 간구할 수 있는 이유가 된다(9:19-20, 10:12-15).

본문 주해

표제³ / "다윗의"(לְדָוִד 레다빗)

다윗이 이 시편을 지었음을 말하는 듯하다. 많은 현대 주석들은 다윗의 저작을 부정하고 훨씬 후대에 저작되었다고 보지만 정확한 근거는 없다.

"시"(מִזְמוֹר 미즈모르): '노래하다' '찬양하다'라는 의미를 가진 어근에서 왔다. 원래 악기를 연주하면서 부르는 시편을 지칭하는 것 같다. 이 표제는 시편에서 모두 57회 나타난다(3, 4, 5, 6편 등).

"인도자를 따라"(לַמְנַצֵּחַ 람낫체아흐): '인도자'로 번역된 단어는 '인도하다' '앞장 서다'는 어근(스 3:8; 대상 23:4; 대하 2:1)에서 파생되었을 수 있는데, 아마도 성전 예배를 인도했던 음악 감독이나 지휘자를 가리키는 것 같다. 이 표제는 지휘자들이 사용하기 위한 시들의 모음집에 포함되었음을 말하거나, 성전 예배에서 레위인들로 구성된 찬양대의 지휘자에 의해 낭송되도록 안내하는 것일 수도 있다. 이 어구는 시 4~6, 8~9, 11~14, 18~22편 등 총 55번 등장한다. 칠십인역에서는 '마지막을 위하여'로, 탈굼에서는 '찬양을 위하여' 등으로 번역하고 있다.

"뭇랍벤에 맞춘"(עַלְמוּת לַבֵּן 알뭇 랍벤): 9편의 표제와 48편 14절에 나오는 단어로 그 구체적인 의미는 알려져 있지 않다. NIV[4]는 "'아들의 죽음' 곡조에 맞춘"으로 번역하여 곡조 이름으로 해석한다. 46편의 표제처럼 '알라못'('소녀들'-소녀들의 목소리 혹은 연주 의미?)에다 '벤'이 붙은 것일 수도 있다.[5]

1. 서론적 감사 찬양(1-2절)

1 여호와여, 내가 온 맘으로 감사드리며
주의 모든 놀라운 일들을 전하겠습니다
2 지존자여, 내가 주를 기뻐하고 즐거워하며
주의 이름을 찬송하겠습니다

1절과 2절은 모두 첫 번째 알파벳인 알렙(א)으로 시작할 뿐만 아니라 각 행도 알렙으로 시작한다. 이것은 알

렘으로 시작하는 네 개의 일인칭 미완료 동사들에 의해서 이루어지고 있다. 이 부분은 감사 시를 여는 도입부로서 하나님 앞에서 하나님께서 행하신 구원에 대해서 감사드릴 것을 서론적으로 노래하는 부분이다. 다섯 개의 동사들은 모두 1인칭 단수 청유형으로서 강한 결심을 표현해준다. 현재의 고난 속에서도 과거의 구원에 대해 찬양하며 하나님을 의지할 것임을 강하게 표현하고 있다고 볼 수 있다.[6]

먼저, 1절의 '온 마음으로'라는 부사구는 '나뉘지 않는 마음으로'라는 의미도 되지만[7] '내 모든 것을 다하여'라는 의미도 갖는다. 이는 다윗이 얼마나 하나님이 베푸신 구원에 깊이 감사하는 지를 보여준다. '감사하다'는 단어는 감사와 찬양의 의미를 함께 갖는 동사로서 하나님께서 행하신 일에 대한 자랑과 간증의 의미를 갖는다. 이것은 '전하다'는 단어와 평행을 이루고 있는데, 하나님께 감사를 드리는 것은 단순히 하나님께만 해당되는 행동이 아니라 사람들에게 하나님께서 행하신 일들을 공적으로 전하는 행동임을 암시한다. 11-12절이 보여주듯이 다윗의 노래는 회중들 앞에서 예배 중에 행해졌다. 그런 의미에서 시편은 하나님이 행하신 일과 그분의 의로운 통치에 대해 이스라엘과 온 세상에 알리는 것이라고 할 수 있다(시 26:7; 66:16; 73:28 79:13; 107:22; 118:17; 145:6 등 참조).[8]
시인 개인이나 이스라엘만 알고 있기에는 너무나 가슴 벅
찬 하나님의 일들, 즉 복음을 온 세상에 전파하는 행위다.

다윗이 전하기를 원하는 것은 하나님께서 행하신
'모든 놀라운 일들'이다. 이 표현은 하나님께서 이스라
엘을 애굽에서 나오게 하실 때에 베푸신 놀라운 기적과
같은 일들을 가리킨다(시 26:7; 40:5; 71:17; 75:1; 78:4,11; 98:1;
105:5; 106:7,22; 107:8, 15, 21, 24, 31; 145:5 등 참조). 이 일들은 다
른 어떤 하나님의 행동들보다 명백하게 하나님의 능력
을 드러낸 구원의 사건들이며, 오직 하나님만이 행하실
수 있는 일들이다. 여기서는 단지 하나의 구원 사건을 가
리키기보다는 하나님의 다양한 구원의 행동들(3-6, 13-18
절)을 가리킨다.[9] 그 중의 일부를 다윗이 아래에서 간증
하고 있다(3-6, 13-18절). 이런 시편의 표현들은 개인이나
공동체가 경험하는 하나님의 구원의 행동은 모두 다 기
적적인 행동임을 보여준다.

2절은 1절의 행동을 다른 동사들로 표현한다. 하
나님을 '기뻐하고' '즐거워하는 것'과 하나님의 이름을
'찬양하는 것'으로 표현된다. 여기서 '찬양하다'로 번역된
히브리어 단어는 악기를 연주하면서 노래하는 행동이다.
구원의 하나님을 기뻐하는 모습이 하나님을 대표하는 그

분의 이름을 찬양하는 행동으로 나타난다. 찬양은 다른 어떤 것들이 아닌 오직 하나님과 그분의 은혜만 기뻐하고 즐거워함을 표현하는 것이다.[10] 다윗은 1절에서는 하나님의 이름을 '여호와'로 2절에서는 '지존자'(창 14:19; 시 7:17; 21:8; 46:5 등)로 부르고 있다. '지존자'(the Most High)로 번역된 엘욘(עֶלְיוֹן)이라는 단어는 기본적으로 '높은' 혹은 '위'라는 의미를 갖는데(창 40:17; 겔 42:5; 왕하 15:35 등), 이는 9-10편에서 노래하는 온 세상을 심판하시고 다스리시는 높으신 왕이신 하나님에게 가장 적합한 호칭이라고 할 수 있을 것이다.[11]

2. 감사 내용: 악인에 대한 심판과 시인에 대한 변호(3-6절)

3 내 원수들이 물러갈 때
주의 앞에서 넘어져 망합니다
4 이는 주께서 의로운 재판관으로 보좌에 앉으셔서[12]
나를 위한 재판과 판결을 행하셨기 때문입니다
5 주께서 나라들을 꾸짖으시고 악인을 멸하시며
그들의 이름을 영원히 지우셨습니다
6 원수가 멸망하였습니다
폐허처럼 영원히![13]

주께서 성들을 뿌리 뽑으셨기에

그 기억조차 사라졌습니다

3절은 히브리어 알파벳 베트(ב)로 시작하여 4절까지 연결되고, 5절은 세 번째 알파벳인 김멜(ג)로 시작하며, 6절은 네 번째 알파벳 달렛(ד)이 아닌 다섯 번째 알파벳 헤(ה)로 시작한다. 달렛 절을 복구시키려는 많은 노력들이 있었지만 현재로서는 왜 그 절이 빠져있는지 확실하게 알 수는 없다.

3-6절에서 다윗은 1절에서 언급했던 하나님께서 행하신 '놀라운 일들'에 대해 간증한다. 한 마디로 그것은 강한 전사요 의로운 재판관이신 여호와께서 다윗과 이스라엘을 괴롭히던 악인들을 멸하시고 의로운 다윗과 이스라엘을 구원해주신 것이다. 3절과 5-6절에서는 강력한 전사이신 여호와께서 원수들을 친히 물리치시고 멸하시는 모습을 노래한다면, 4절에서는 의로운 재판관이신 여호와께서 원수들 앞에서 다윗을 위해 의로운 판결을 내리셨음을 노래한다. 즉 다윗의 원수들을 멸하신 것은 하나님의 의로운 판결의 결과였다는 것이다. 이것은 다윗이 블레셋을 비롯한 주변 나라들과의 전쟁에서 승리하게 하신 것이 하나님께서 싸우신 결과이자 공의로

운 심판의 결과였음을 고백하는 것이다(7절).

3절은 과거의 이스라엘의 대적들이 자기 백성들 앞에서 싸우시는 하나님 앞에서 패하여 도망가는 모습을 묘사한다. '물러가다'는 표현은 등을 돌리고 도망가는 모습이고(시 56:9), '넘어져 망하다'는 표현 또한 전장에서 허겁지겁 도망가다가 넘어지고 결국은 죽게 되는 광경을 그리고 있다. '주의 앞에서'라는 표현은 이 전쟁의 승리가 오직 하나님의 능력과 은혜에 의한 것임을 강조한다.[14]

4절은 '왜냐하면'이라는 부사절로 시작하여 왜 원수들이 도망가게 되었는지를 설명한다. 이 부사절은 6절까지 연결된다고 보는 것이 좋겠다. 왜냐하면 4-6절까지 한 결같이 하나님께서 행하신 일을 기록하고 있기 때문이다. 4절에서는 원수들의 멸망 이유가 하나님께서 다윗의 송사를 맡으셔서 의롭게 판결하셨기 때문이라고 한다. 즉 '의로운 재판관'으로 하늘 보좌에 좌정하신 하나님의 심판의 결과로 그렇게 되었다는 것이다. '재판과 판결'로 번역된 단어들은 비슷한 말들로서 '의'와 '송사' 혹은 '의로운 소송' 등으로 번역될 수도 있다. 8절에서 이 단어들의 어근은 '심판하다', '재판하다'는 동사로 다시 등장한다. 어떻게 번역하든지 이 표현의 의미는 의로운 재판장이신 하나님께서 다윗을 의롭다고 판결하시고,

그를 괴롭히는 악인들은 불의하다고 판결하셔서 그 심판을 실행하셨음을 의미한다(시 140:12; 146:7). 그 심판의 결과가 3, 5, 6절이라고 볼 수 있다.

　　5절에서는 원수들이 '나라들'로 '악인'으로 불려진다. 그러면서 하나님께서 그들을 멸하시는 전사로 등장한다(시 24:8 '전쟁에 능한 여호와'). '책망하다'는 동사는 불의를 행한 악한 나라들에 대한 재판관으로서의 꾸짖음을 의미할 수도 있고, 대적하는 장애물이나 악한 세력에 대한 하나님의 진노와 심판의 표현일 수도 있다(사 17:13; 나 1:4; 시 106:9). 이 단어는 거룩한 전쟁의 맥락에서 대적들을 심판하는 것으로 자주 나타난다(68:30; 76:6; 80:16; 사 17:13; 66:15).[15] 다윗이 여기서 고백하는 바는 이스라엘을 괴롭히는 나라들을 하나님께서 꾸짖으시고 멸망시키셔서 그들의 이름까지 제거하신 하나님의 심판이다. 6절은 그것을 훨씬 더 구체적으로 성들의 파괴와 대적들의 영원한 파멸로 묘사하고 있다. 5절의 '이름'과 6절의 '기억'은 같은 의미로 사용되었다. 살아 있는 백성들의 이름은 명부에 기록되어 있지만 죽으면 그 명부에서 지워진다(민 5:23; 신 9:14, 25:19, 29:20; 왕하 14:27 참조).[16] 그런 의미에서 이름을 지운다는 것은 죽음과 멸망을 의미한다(아말렉-출 17:14; 신 25:19; 악인들-시 34:17; 109:15). 6절의 '폐허'라는 단어도 멸망의 이미지를 강화시키며(겔 36:10,33; 말 1:4), '성들을 뿌리 뽑다'는 표현도 완전한 멸망을 강조하는 것이다(신 29:27; 왕상 14:15; 렘 12:14, 17). 이 이미지들을 문자 그대로 생각한 다면 다윗이 떠올리는 감사의 내용은 여호와께서 이스라엘을 통해서 가나안 족속들을 멸망시킨 정복 전쟁을 의미할 수도 있다.[17]

결론적으로 3-6절에서 다윗은 과거 하나님께서 이스라엘과 자신에게 행하신 일, 즉 악한 대적들을 심판하셔서 멸하시고 의로운 백성들을 구원해주신 일을 하나님께서 행하신 '놀라운 일들'로 고백하며 간증한다고 볼 수 있다.

3. 의로운 통치자, 가난한 자의 산성이신 하나님 찬양(7-10절)

7 하지만 여호와는 영원히 좌정하신다
심판을 위한 당신의 보좌를 세우셨다
8 그분은 의로 세계를 심판하시며
공평으로 만민을 재판하신다
9 여호와는 압제 당하는 자의 피난처시며
환난의 때의 피난처시다
10 주의 이름을 아는 자들이 주를 의지합니다

여호와여, 이는 주께서 주를 찾는 자들을 버리지 않
으시기 때문입니다

7-10절은 모두 히브리어 알파벳 바브(ו)로 각 절을
시작한다. 모두 관계사인 베(ו)로 시작한다. 이러한 형식
적인 차이와 더불어 이 연은 앞의 연과는 다른 내용을 보
인다. 3-6절이 감사의 이유를 여호와께 고백하는 형식
을 취한다면 7-9절은 하나님을 3인칭으로 부르면서 그
분의 의로운 통치를 찬양하고, 10절에서야 다시 여호와
께 직접 고백하는 형식으로 돌아온다. 그래서 이 부분은
앞의 감사에서 표현된 여호와의 통치의 일반적인 성격
을 찬양하는 부분으로 보는 것이 좋겠다. 이러한 찬양은
현재의 고통 속에서도 확신을 갖게 하고 이후의 기도들
을 드릴 수 있는 근거가 된다.[18]

7절은 하나님의 영원한 통치를 노래한다. '심판' 혹
은 '정의'를 위한 보좌 위에 영원히 좌정하셨다는 것은
하나님께서 온 세상을 의롭게 다스리는 왕이시자(10:16)
의로운 재판관이심을 의미한다. 4절의 고백을 일반화한
것이다. 여기서 보좌는 하나님의 지상 보좌인 성전 혹은
'법궤'(11절)가 상징하는(렘 3:17; 시 99:1) '하늘 보좌,' 혹은
'하늘 재판정'을 가리킨다(11:4; 78:69; 94:1이하; 99:1; 사 6:1이

하 참조).[19]

8절은 하나님의 통치의 성격을 밝힌다. 그것은 첫째로 통치의 범위는 온 세상이다. '세계'와 '만민'은 온 세상 만민이 모두 하나님의 통치의 대상임을 밝힌다. 둘째로 그의 통치는 '심판하고' '재판하는' 것이다. 지상의 법정처럼 하늘 법정에서도 옳고 그름을 정확하게 판결하여 그 판결에 따라 시행하신다는 의미다. 셋째로 그러한 판결의 기준은 '의'와 '공평'으로 특징지어진다.[20] 지상의 재판정이나 나라들처럼 불의와 불공평으로 얼룩지지 않고 하나님께서 율법에서 보여주시는 의로움, 올바름, 공평함으로 판결하시고 다스리심을 강조한다(시 58:2; 96:10; 98:9; 99:4; 사 45:19). 종합하자면 하나님은 온 세상을 의롭게 통치하시는 왕이시다. 그는 단지 하늘 보좌에 앉아서 편안하게 지내시는 분이 아니라 당신의 종들을 구원하시기 위해서 당신의 통치의 능력을 실행하신다.[21]

9절은 8절에서 말했던 하나님의 의로운 통치가 구체적으로 실현되는 모습을 보여준다. 지상에서는 의로운 사람들이 악하고 강한 자들에게 압제를 당한다. 하지만 하나님께서는 그 압제당하는 사람의 피난처가 되어주심으로써 당신의 의로운 통치를 펼치신다. 하나님에 대한 비유(삼하 22:3; 시 18:2; 46:7, 12; 48:3)로서 '피난처'로 번역된 단어는 피신할 만한 높은 산성이나 바위나 벽을 의미한다(사 33:16; 25:12; 렘 48:1, HALOT[22]). 한편 여기서 '압제 당하는 자'로 번역된 히브리어 단어 דך(닥)은 '짓누르다'는 어근(잠 26:28 참조)에서 파생된 명사(HALOT)로서 착취당하기 쉬운 힘없는 자를 가리킨다. 이 단어는 흔하지 않은 단어임(시 74:21에만 나옴)에도 10편 12절에서 다시 등장한다. 이러한 반복은 9-10편에 자주 등장하는 '가난한 자'를 돌보시는 하나님이라는 주제적 통일성을 강화시킨다. 한편 '환난의 때'라는 표현도 이곳과 10편 1절에만 나오는 독특한 표현이다(37:39에서는 단수로 사용됨). 종합하자면 하나님은 불의한 세상에서 고통당하는 자들이 고통 가운데서도 피하고 의지할 수 있는 피난처가 되신다는 것이다.

10절에서는 다시 2인칭으로 하나님을 부르면서 고백의 형태로 바뀐다. 7-9절의 찬양의 내용에 근거한 확신의 고백인 셈이다. '주의 이름을 아는 자들'과 '주를 찾는(דרש 다라쉬) 자들'이 평행을 이루고 있다. 이들은 구체적으로 말하자면 앞에서 찬양한 의로운 재판장으로서의 하나님과 압제받는 자의 피난처이신 하나님을 알고 그의 말씀대로 살면서 오직 하나님만 '의지하는' 자들을 의미한다. 이들은 구원의 역사 속에서 여호와 하나님의 놀라운 일들을 통해서 그분의 의로우심과 능력을 경험하였기에 오직 하나님만 의지하는 자들이다(10:14 참조)[23].
이 사람들은 10편 3,4절이 묘사하는 악인과 극명하게 대
조를 이룬다. 그들은 여호와를 멸시하고, 하나님을 찾지
(ﬢﬧﬢ 다라쉬) 않는 자들이다. 10절 하반 절은 하나님께서
이런 자들을 '버리지 않으신다'고 고백하는데 이 고백은
12, 18절과 10편 12절에서 반복된다.

4. 찬양으로의 초청(11-12절)

11 너희는 시온에 거하시는 여호와께 찬송하라
그의 하신 일들을 백성들 중에 선포하라
12 이는 피에 대해 감찰하시는 분이 저희를 기억
하시되
가난한 자들의 부르짖음을 잊지 않으시기 때문이다

11절은 알파벳 순서를 따라 히브리어 알파벳 자인
(ז)으로 시작하여 12절까지 이어진다. 1-2절이 다윗 개
인이 하나님께 드리는 감사 찬양이라면 11-12절은 함께
예배하는 회중들을 향한 찬양에의 초청이다. 이러한 초
청은 3-6절처럼 13-18절에 있는 감사의 이유를 간증하
기 위한 도입 부분으로 볼 수 있다.
시인은 11절에서 찬양의 대상이 되시는 여호와를

'시온에 거하시는 분'으로 부른다. 이것은 시온의 성소를 당신의 지상 보좌로 삼으신 하나님을 가리키는 표현으로 4,7-9절에서 고백한 의로운 재판관이자 왕이신 여호와에 대한 고백에 다름 아니다. 시온에는 하나님의 성소가 있기 때문에, 시온은 하나님의 '발등상'이며 하늘 보좌(7절 참조)의 지상적인 표현이자 온 세상 통치의 중심지이다(시 2:6; 3:4; 11:4; 20:2; 76:2; 132:13-14; 대상 28:2; 애 2:1).[24] 11절 하반 절에서는 1절에서처럼 하나님께서 행하신 일들을 백성들에게 선포하자고 한다. 역시 이 '일들'은 뒤따르는 절들(13-18절)에서 간증할 내용을 가리킨다. 감사와 찬양은 궁극적으로 온 세상에 하나님의 하신 일을 자랑하는 것임을 다시 한 번 보여준다.

12절은 찬양의 이유를 '왜냐하면'으로 시작되는 부사절로 간략하게 제시한다. 이 이유는 13-18절에서 상세하게 말할 간증 부분의 요약이다. 그것은 한 마디로 그분의 의로운 통치이다. '피에 대해 감찰하시는 분'이라는 표현은 무고한 피를 흘린 자들의 악을 끝까지 '찾으셔서' 심판하시는 하나님의 의로운 통치를 가리킨다. 여기서 '감찰하시다'로 번역된 단어는 10절에 나왔던 '찾다'(שׁרַד 다라쉬)는 단어로서 10편 13,15절에서도 동일한 의미로 사용되고 있다. '피'는 악에 대한 상징으로서 살인, 핍박,

폭력, 음해 등 다른 사람을 해치는 모든 죄악을 가리킨다고 볼 수 있다.[25] 이처럼 의로우신 통치자께서 '저희', 즉 '가난한 자들'을 기억하시고, 그들의 억울한 부르짖음을 잊지 않으신다. 여기서 '가난한 자'(עָנִי 아니 혹은 עָנָו 아나브)는 강하고 악한 자 혹은 세력들에 의해서 억압과 착취와 고통을 당했을 뿐만 아니라 사회적으로도 의지할 법정이나 대상이 없어서 하나님께 와서 억울함을 호소하는 자를 가리킨다.[26] 하늘의 의로운 왕이신 하나님께서 땅의 정의로운 왕들이 그러하듯이 가난한 자들의 억울함을 풀어주고 그들을 악인들로부터 건져내신다(시 72:3-4, 12-13).

5. 감사 내용: 과거의 하나님의 구원에 대한 간증
(13-18절)

13 여호와여, 내게 은혜를 베풀어 주십시오
사망의 문에서 나를 일으키시는 분이시여
나를 미워하는 자들에게 받는 나의 고통을 보십시오
14 그러면 내가 주께 대한 모든 찬송을 전하겠습니다
딸 시온의 문에서 주의 구원을 기뻐하겠습니다
15 나라들은 자기들이 판 웅덩이에 빠졌고
자기들이 숨겨 놓은 그물에 그 발이 걸렸다

16 여호와께서는 자신이 행하신 심판으로 자신을
알리셨고
악인은 자기 손으로 행한 일에 스스로 걸려들었다
(힉가욘, 셀라)
17 악인들은 스올로 돌아간다
하나님을 잊어버린 모든 나라들은!
18 그러나 궁핍한 자는 결코 잊어버림을 당하지 않
고
가난한 자의 소망은 결코 망하지 않는다

13절은 히브리어 알파벳 헤트(ח)로 시작하여 15절
까지 이어지고, 16절은 테트(ט)로 시작하여 17절까지 이
어지며, 18절은 요드(י), 19절은 카프(כ)로 각각 시작한다.

1-2절의 감사 찬양에 이어 3-6절의 감사 내용이 이
어졌듯, 이 부분은 11-12절의 찬양으로의 초청에 이어지
는 감사의 내용이다. 13-14절이 과거의 고통 속에서 하
나님께 드렸던 간구의 내용이라면, 15-18절은 그 간구에
응답하신 하나님의 구원에 대한 간증으로 볼 수 있다. 이
간증의 핵심 주제는 12절에서 요약되었듯이 '하나님께서
가난한 자들의 부르짖음을 잊지 않으신다'이다. 12절에
서처럼 18절에는 '가난한 자' '궁핍한 자' 등의 표현이 나

오고, 17, 18절에는 연속으로 '잊다'는 어근이 반복된다.

13-14절은 그 부르짖음에 대한 회상이다.[27] 13절에서 다윗은 마치 '사망의 문'(하나님과 단절되는 죽음의 영역, 시 107:18; 욥 38:10; 사 38:15; 마 16:18)[28] 앞에서처럼 절박하게 하나님의 도우심을 구하고 있다. 그래서 하나님을 '사망의 문에서 나를 일으키시는 분'으로 부른다. 하나님이 가지고 계신 부활의 능력, 구원의 능력을 믿고 의지한다는 표현이다. '은혜를 베풀다' '보다'(25:18; 31:7; 119:153)같은 명령법 동사들은 모두 하나님께서 시인의 고통 받는 상황에 개입하셔서 구원해 주실 것을 요청하는 기도들이다. 원수들은 하나님께서 당신의 종들이 고통당하는 것을 '보시지' 않는다고 하기에(10:11) 다윗은 하나님께 자신의 고통을 '보시길' 요청하지만, 어디까지나 그것은 자신의 자격 때문이 아니라 하나님의 은혜와 자비에 근거고 있음을 밝히고 있다. 다윗은 당시에 '사망'으로 비유될 만큼 '자신을 미워하는 자들'인 원수들로부터 엄청난 고통을 받은 것 같다. '고통'으로 번역된 단어는 12절에서 '가난한 자'로 번역된 단어와 같은 어근인 יִנֳע(오니)로서 '고통'이나 '압제로 인한 비참한 상황'을 가리킨다(HALOT).

14절은 13절의 부르짖음의 궁극적인 목적은 '하나님 찬양'임을 알리는 데 있다. 즉, 하나님께서 원수들이

가하는 고통으로부터 건져주시면 그 구원을 간증하고 하나님을 찬양하겠다는 맹세이다. '찬송을 전한다'는 표현은 1절에서 '하나님의 놀라운 일들을 전한다'와 같은 표현으로서, 과거에 고통스러웠을 때 했던 그 맹세(14절)를 1절 이하에서 지금 시인이 하고 있음을 보여준다. 주로 찬양의 맹세(13:6; 22:2 이하; 26:12; 28:6-7 등 참조)는 기도 응답(구원)을 받은 이후에 감사제를 성소에 드리면서 회중들 앞에서 구원에 대한 간증을 하고 하나님을 찬양하는 것으로 성취되었다(레 7:12-13; 30편; 50:14-15, 23 참조).[29] 시인은 '사망의 문'에서 구원받아 하나님의 성[30] '시온의 문'에서 구원을 '기뻐할 것'(찬양할 것)을 내다보고 있었다.[31] 시온은 하나님께서 임재하시는 안전한 생명의 성이요 하나님께 언제든지 나아갈 수 있는 구원의 성이다. 만약 '시온의 문'을 문자적으로 본다면, 다윗은 지금 블레셋을 비롯한 많은 대적들과의 전쟁에서 승리하고 시온의 문으로 개선했던 과거를 회상하고 있을 수도 있다. 15절에 나오는 '나라들'이라는 단어는 이런 견해를 뒷받침해준다. '딸 시온'이란 표현은 예루살렘 성에 대한 의인화된 표현으로 성(城)이 여성 명사로서 자주 딸이나 여성으로 비유된 관습을 반영한다(왕하 19:21 '처녀 딸 시온'; 사 1:8; 10:32). 혹은 '시온의 딸'로 번역이 되어 하나님의 백성을 가리키기도 한다(미 4:8 등).

　　15-18절은 13-14절의 기도가 응답된 것을 구체적으로 간증하는 부분으로 3-6절에 상응한다. 15-16절은 당시에 사냥에서 사용되던 용어들을 사용해서 악한 나라들이 시인과 이스라엘을 공격하려고 했던 꾀에 자신들이 도리어 걸려들었다고 한다. 15절의 '웅덩이'는 짐승을 잡기 위해 판 함정이며, '그물' 역시 사냥도구로 대적들의 갑작스럽고 간교한 공격이나 음모에 대한 비유로 사용되었다(10:8-10).[32] 16하반 절은 악인들의 멸망을 "자기 손으로 행한 일에 스스로 걸려들었다"로 표현하고 있다(10:2). 또한 그것은 하나님께서 행하신 공정한 심판이라고 선언한다(16절 1행, 3-6절; 7:15-16 참조). 즉, 온 세상을 공의롭게 다스리시는 하나님께서(4, 7-8절) 사람들은 보지 못했던 악인들의 꾀에 그들 스스로 걸려들도록 심판하셨다는 것이다. 다윗은 이러한 공의로운 심판으로 하나님의 통치가 세상에 알려졌다고 고백한다(16절 1행).

　　후대에 붙여졌을 것으로 예상되는 예전적인 지시어인 '힉가온'은 '묵상하다'는 어근에서 파생된 말로 아마도 묵상이나 악기 연주를 위해서 잠시 멈추라는 의미를 갖는 것 같다. '셀라'는 총 32편의 시편에서 71회 사용된 지시어인데 그 의미가 불확실하다. 하나님에 대한 송영의 의미로 노래는 멈추고 간주로 악기만 연주하라는 지시어이거나, 합창을 해야 할 부분을 지시하는 말일 것이라고 추측되고 있다.[33] 여기의 '힉가욘 셀라'는 이어지는 17-18절을 묵상하는 모드로 조용히 부르라는 지시어일 수 있다.[34]

Tanak을 비롯한 몇몇 학자들은 17절을 기원형으로 번역하기도 하지만("악인이 스올로 돌아가게 하시길!"),[35] 17-18절은 7-10절처럼 시인과 청중들에게 확신을 주는 결론적 찬양으로 보는 것이 더 좋다.[36] 하나님의 공의로운 심판으로 '사망의 문' 앞에 있었던 시인이 아닌 악한 나라들이 '스올'로 돌아간다(시 31:17; 55:15,23; 63:9 참조). 그들이 악인인 이유는 '하나님을 잊어버린' 자들, 즉 하나님을 무시하고 그분의 통치를 개의치 않는 자들이기 때문이다(17하반 절; 10:3,4; 50:22). '스올'은 죽음의 영역이나 무덤을 가리키는 표현으로, 5-6절에서 말했던 악인들의 완전한 파멸을 의미한다(10:16). 하나님을 '잊어버린' 악인들(17절)은 멸망당하지만 하나님만을 의지하는 의인들은 하나님께 '잊어버림을 당하지' 않는다(18절). 10절과 12절의 찬양 내용의 정확한 성취이다. 여기서 의인들은 9,12절에서처럼 '궁핍한 자'(אֶבְיוֹן 에브욘), '가난한 자'(עָנָו 아나브)로 표현되고 있다. 이들은 사회적으로나 군사적으로 강력한 악인들 혹은 악한 나라들에게 착취와 억압과 공격을 당해서 고통 가운데 있고, 스스로 변호하고 방어할 수도 없어서 궁핍하고 비참하고 죽음 앞에 서 있지만, 오직 하나님을 의지하고 찾으며 하나님께 부르짖기에 하나님의 돌보심을 받는다. 그래서 '가난한 자'로 대표되는 유사한 어휘들은, 하나님께 언제든지 도움과 관심을 요청할 수 있는 하나님의 의로운 백성들이 하나님 앞에서 스스로를 부르는 말이 되었다(시 12:5; 14:6; 18:27; 35:19; 116:8; 140:12; 146:7; 149:4).[37] '가난한 자'는 자신들을 돕거나 보호할 어떤 사람도 없고 유일한 피난처와 도움으로서 여호와 한 분만 의지하는 자들이기에, 하나님께 가장 먼저 구원을 요청할 수 있는 자들인 셈이다.[38]

6. 인생일 뿐인 나라들에 대한 심판의 간구(19-20절)

19 여호와여 일어나셔서 인생으로 승리하지 못하게 해 주십시오
나라들이 주 앞에서 심판을 받게 해 주십시오
20 여호와여 그들에게 두려움이 임하게 해 주십시오
나라들로 자기는 인생일 뿐인 줄 알게 해 주십시오

이 마지막 연은 알파벳 이합체 시의 틀에서 벗어나

있다. 이 연은 앞에서 드렸던 과거의 구원에 대한 감사와 찬양에 근거하여 현재의 고난에서 구원해 주시길 기도하는 부분이다. 이 기도는 10편에서 계속된다고 볼 수 있다. '인생'(אֱנוֹשׁ에노쉬)이란 단어가 19상반절과 20하반절에 나오면서 전체적인 분위기를 형성하는데, 10편 18절도 이 단어로 마무리되고 있다. 이 연은 악한 나라들이 하나님의 심판을 받게 해달라는 간구로서, 4, 7, 8, 16절의 공의로운 심판의 주제를 그 근거로 삼고 있다. 이 부분에는 '여호와'라는 단어가 두 번, '나라들'이 두 번, '인생'이 두 번 등장한다. 나라들은 겉으로 보기에는 매우 강력한 힘을 가지고 있는 것 같지만 여호와 앞에서는 연약하고 무능하고 아무런 힘도 없는 '인생'일 뿐임을 이 어휘들의 연결이 보여준다. 이들이 그런 인생임을 보여주는 가장 결정적인 증거는 여호와의 '심판'과 그로 인해 그들에게 임하는 '두려움'이다.

19절에서 다윗은 여호와께 대적들을 물리치시기 위해서 즉각적으로 일어나 주시길 기도한다(민 10:35; 시 3:7; 7:6; 9:19; 10:12; 68:1). 그들이 하나님 나라에 대해 승리할 수 없도록 심판하시고 두렵게 하시길 간청한다. 그래서 그들로 하여금 단지 자신들은 온 세상을 다스리시는 하나님 앞에서 한낱 '인생'일 뿐임을 깨닫게 해달라고 요청한다. 창조주요 왕이신 하나님의 공의로운 심판을 경험하지 못하면 나라들은 자신들이 제일 힘센 자들이요, 자신들 마음대로 하나님 나라 이스라엘을 무너뜨릴 수 있다고 생각할 것이기 때문이다. 다윗은 나라들이 무서운 하나님의 심판을 당할 때에야 비로소 자신들의 '인생 됨', 즉 죽음, 약함, 한계, 무능함 등을 자각하게 되리라고 내다본다. 하나님의 심판 앞에서 인생일 뿐인 자신들이 전능하신 창조주 하나님과 싸웠음을 깨닫게 되고 다시는 그의 백성들을 공격하지 않게 되리라.

7. 탄식: 악인에 대한 고발(10:1-11)

1 여호와여 어찌하여 멀리 서시며
(어찌하여) 환난의 때에 숨으십니까?
2 악인이 교만하게 가난한 자를 핍박합니다
그들로 자신들이 꾸민 음모에 빠지게 해 주십시오
3 이는 악인이 자기 마음의 욕심을 자랑하고
탐욕을 부리는 자가 여호와를 모독하고 멸시하기 때문입니다
4 악인은 콧대를 높이며 "그가 감찰하지 않는다"하며
모든 음모 가운데서 "하나님이 어디 있어?"합니다

5 그의 길들은 언제든지 번성하고

주의 심판은 높아서 저에게서 너무 멀기에[39]

그가 자기 대적들에게 콧방귀 뀝니다

6 그는 속으로 말하기를 "나는 흔들리지 않아

대대로 불행이란 없을 거야" 합니다

7 그의 입에는 저주와 거짓과 폭언이 가득하고

그의 혀 밑에는 해와 악이 (가득합니다)

8 그는 마을 길목에 숨어

은밀한 곳에서 무고한 자를 죽이며

그의 눈은 몰래 힘없는 자를 노립니다

9 그는 굴속의 사자처럼 은밀한 곳에서 기다리니

가난한 자를 잡으려고 기다립니다

자기 그물로 가난한 자를 끌어당겨 잡습니다

10 힘없는 자들이 짓밟히고 쓰러집니다

그의 힘에 의해 넘어집니다

11 그는 속으로 말하기를 "하나님이 잊으셨고

얼굴을 숨기시고 영원히 보지 않으실 거야" 합니다

9편 19-20절에서 악한 열방의 심판을 간구했던 다
윗은 이 부분에서 본격적으로 하나님 앞에서 악인들의
악행에 대해 고발하며 탄식한다. 악인에 대한 다윗의 고발은 매우 세밀한데, 이 고발의 내용은 하나님의 심판을 두려워하지 않고 힘없고 가난한 자들을 억압하는 것으로 요약될 수 있다. 1절은 9편 18절에 이어지는 히브리어 알파벳 라멛(ל)으로 시작하지만 2-11절은 알파벳 이합체 형식을 따르지 않는다. 12절에서 다시 알파벳 시의 형식이 이어진다.

1절에서는 9편에서 찬양하고 고백했던 '압제를 당하는 자의 피난처'(9절)이신 의로운 통치자 여호와(9:7-10)께서 침묵하신다. 그래서 시인은 '어찌하여'로 시작하는 탄식을 하나님께 쏟아놓는다. '환난의 때의 피난처'(9:9)라고 고백했던 하나님께서 시인의 '환난의 때'에 '멀리계시고' '숨으신' 것 같은 고통스러운 현실에 대한 탄식이다. '멀리 서시다' '숨으시다'라는 말은 실제로 하나님이 자신을 떠나셨다는 말이라기보다는 시인이 하나님에 대해 느끼는 거리감을 나타낸다. 즉, 고통스러운 상황에서 하나님께서 전혀 도움과 구원을 주시지 않음을 시적으로 표현했다(6:3; 13:1; 22:1; 35:22; 38:21; 42:9; 43:2; 71:12; 88:14 참조). 시인은 이런 탄식을 통해서 불의하고 고통스러운 상황에 있는 하나님의 백성을 속히 구원해주셔야 하지 않느냐고 간접적으로 촉구하는 셈이다.[40]

1절에서 시인이 언급한 자신의 '환난'은 2-11절에

서 묘사하는 악인의 악행에 의한 것이다. 2절은 악인들의 악행을 요약하는 탄식이다. 단수 '악인'은 악인들 전체를 대표하는 대표 단수로 보는 것이 좋다. 악인의 첫 번째 특징은 하나님을 두려워하지 않고 사람들을 무시하는 교만이고, 두 번째 특징은 그런 교만의 결과로서 음모를 꾸며서 가난한 자들을 희생시켜서라도 자신의 이익을 챙기는 것이다. 2절 1행은 이 둘을 요약하여 말하고 있다. 교만은 3-6, 11절에서 주로 묘사되고 있다면, 가난한 자에 대한 핍박은 7-10절에 상세하게 묘사되고 있다. 2절의 첫 번째 행에서 언급하는 '가난한 자'는 9편 12, 13, 18절 등에서 이미 언급되었고 여기서는 다윗 자신을 포함하여 힘 있는 악인들에 의해 고통당하는 힘없는 자들을 총칭한다고 볼 수 있다. '핍박하다'로 번역된 단어는 원래 사냥감을 따라가면서 막다른 곳으로 몰아가는 행위를 의미한다(8-9절; 애 4:19; 창 31:36; 삼상 17:53, HALOT). 2행과 연결시켜 보면 음모를 꾸며서 힘없는 자를 괴롭히고 그의 인격과 존엄성을 짓밟고 재산을 갈취하는 악인의 모든 행동을 대표적으로 표현했다고 볼 수 있다. 다윗은 악인이 자신의 악한 음모에 스스로 걸려들게 해달라고 기도하는데, 이것은 하나님의 정확하고 공의로운 심판에 대한 간구이다(7:15-16; 9:15-17). 2행은 간구가 아니라 확신

("그들은 자신들이 베푼 꾀에 빠집니다.")으로 번역될 수도 있다.

3-6절에 묘사된 악인의 악행은 자신을 높이고 하나님을 무시하는 교만이다. 3절에서 언급하는 '마음의 욕심'과 '탐욕을 부리는 것'은 문맥상 불의한 음모를 꾸며서 가난한 자의 것을 뺏으려는 행위를 가리킨다고 볼 수 있다.[41] 3절은 악인이 뻔뻔스럽게 이러한 악한 욕심을 자랑할 수 있는 것은 여호와를 모독하고 멸시하기 때문이라고 한다. 여기서 '모독하다'로 번역된 단어 바라크(בָּרַךְ)는 원래 '축복하다'는 의미를 갖지만 여기서는 여호와를 목적어로 삼기에 반대되는 의미로 번역된다(완곡어법). 그래서 어떤 번역본들은 3절 2행을 "탐욕을 부리는 자를 축복하고 여호와를 멸시합니다."(NIV)로 번역하기도 한다.

악인들의 교만한 태도는 4절에서 인용된 악인의 말 속에 더 적나라하게 드러난다. 이 인용된 말은 악인이 음모를 꾸며서 힘없는 자들을 괴롭히고 그들의 것을 뺏으려는 악행에 대해서 하나님은 아무런 심판도 하실 수 없다고 강조하고 있다(6, 11, 13절 참조). 4절의 히브리어 본문에는 '말하다'는 단어가 없기에 일부 번역본은 "악인은 그 교만한 얼굴로 (하나님을) 찾지 않고/ 그 모든 사상에 하나님이 없습니다"로 번역하기도 한다(NIV 등). 하지만 "그 모든 음모 가운데" 혹은 "그의 모든 생각 속에"로 번

역될 수 있는 부사구는 4절이 악인의 속생각을 드러내
는 것임을 암시하고 있다. 13절은 동일한 표현 '심문하
지 않는다'를 사용하여 이것이 악인의 생각임을 분명히
밝히고 있다. 또 개역개정이나 영어번역본들에 '생각' 혹
은 '사상'으로 번역된 히브리어 단어 메짐마(מְזִמָּה)는 2절의
'음모'와 같은 단어이기에 여기서는 악인이 꾸미고 있는
'음모'를 가리킨다고 보면 되겠다. 즉, 4절 2행은 악인들
이 악한 음모를 꾸미면서도 전혀 하나님의 심판을 두려
워하지 않음을 강조한다.[42] 악인이 '하나님이 없다'고 한
표현은 '하나님이 존재하지 않는다'는 말이라기보다는
자신들의 악행에 대해 '하나님이 아무런 행동도 하지 않
는다'는 말로, 하나님이 자신의 악행을 보지도 않고(11절),
심판도 하지 않는다(5절)는 의미다. 하나님을 움직이지 않
는 우상처럼 여기는 태도이다.[43] 즉 악인은 존재론적 무
신론자가 아니라 실천적 무신론자이다(14:1; 36:1). '감찰하
다'(דָּרַשׁ 다라쉬)로 번역된 단어는 원래는 '찾다'는 의미를 갖
지만, 9편 12절과 10편 13, 15절에서처럼 여기서도 죄를
'찾아서' 조사하고 그에 대해 '심판하는' 것을 의미한다.[44]

　5절은 악인들이 '하나님이 없다'고 말하는 근거를
보여준다. 그들이 악을 행하는 데도 그들은 번성하고 하
나님의 심판은 보이지 않기 때문이다. '번성한다'는 것은

원래 '힘 있게 됨'을 의미하는데 악인들이 무고한 자들의
재산을 빼앗아서 부유해지고 강해지는 것을 가리킨다.[45]
이것은 1절에서 다윗이 왜 하나님이 숨어 계시는지 따지
는 이유이기도 하고 시편 73편의 시인이 고민하는 하나
님의 정의로운 통치에 대한 질문이기도 하다. 그 결과가
3행에 나타나는데 그들은 자기 대적들에게 콧방귀 뀐다.
이 말은 악인들이 당장 번성하고 심판을 당하지 않기 때
문에 어떤 대적들이 덤벼도 이길 수 있다는 생각을 담고
있다. 하나님께서 악을 내버려 두심을 보고 정의와 무고
한 희생자들에게 무관심하시다고 악인들은 착각한다.[46]

　　6절에는 4절처럼 악인들의 말이 다시 인용되면서 그
들의 교만이 강조된다. 그들은 아무리 악한 일을 저지르
고 힘없는 사람들을 희생시켜도 자신들은 어떤 해도 받
지 않고 잘 나갈 것이라고 생각한다. '요동치 않는다'는
표현은 원래 의인의 견고함을 약속하는 말(15:5; 16:8; 21:7;
62:2; 112:6)인데[47] 악인들이 자신들에게 적용하고 있다.

　　3-6절에서는 악인이 하나님 앞에서 얼마나 교만한
지를 주로 노래했다면 7-10절은 악인들이 어떻게 힘없
는 자들을 괴롭히고 공격하는지를 묘사한다. 7절은 먼저
그들이 꾸미는 음모(2, 4절)의 성격, 즉 그들의 '말'에 대
해서 묘사한다. 이들의 입에는 혀의 가장 강력한 무기인

무고한 자들에 대한 저주와 거짓말과 폭언으로 가득하다(롬 3:14).[48] 그들은 자신들이 저주하면 그것이 주술적인 힘이 있어서 저주의 대상에게 그것이 이루어진다고 믿었을 것이다. 거짓말은 나봇의 포도원 사건에서 나오듯이(왕상 21:8-15) 거짓 증언이나 중상모략을 의미하는데[49], 악인들은 이것으로 한 사람을 사회적으로 매장시키거나 남의 재산을 갈취한다. 폭언은 온갖 협박과 위협을 의미한다. 2행은 이러한 저주와 거짓과 폭언으로 가득한 이들의 악한 음모는 힘없는 자들에게 해와 악을 가져다주는 것임을 밝힌다.

8-9절은 그들이 꾸미는 음모를 은밀한 곳에 숨어서 먹잇감을 사냥하는 행동으로 비유하고 있다. 한 마디로 그들의 음모는 음흉하고 교활하다. '그물'로 비유되는 모든 악한 방법을 통해서 그들은 '무고한 자', '힘없는 자', '가난한 자'를 죽이고 그들의 재산을 가로챌 음모를 꾸미고 실행에 옮기는 자들이다. 저주와 거짓과 폭언을 통해서 무고한 사람들의 생명과 재산을 불의하게 빼앗는 것을, 사자가 숨어 있다가 먹잇감을 낚아채는 모습으로(7:2; 17:12; 22:12-13, 16, 20-21; 35:17; 57:4; 124:6; 사 15:9 참조), 사냥꾼이 그물을 쳐 놓고 기다리다가 먹잇감이 걸렸을 때 잽싸게 그물을 끌어당겨서 잡는 모습으로 묘사하고

있다. 8절에서 '가난한 자'와 유사어로 등장하는 '힘없는 자'로 번역된 단어는 시편 10편에만 나오는 단어로(10, 14절), 하나님만 의지할 수밖에 없는 힘없고 고통당하는 자를 가리킨다.

10절은 악인의 음모에 의해 '힘없는 자들'이 희생되는 모습을 그려준다. 1행은 '그가 구푸리고 엎드린다'로 직역될 수 있는데, 여기서 '그'는 앞의 '악인'을 가리킬 수도 있고 뒤의 '힘없는 자'를 가리킬 수도 있다. 전자로 번역된다면 1행은 가난한 자를 잡으려는 악인들의 교활한 행동을 묘사한다(유대인들의 영어번역 성경인 TNK가 그렇게 본다. 흔히들 타낙이라 부른다.). 하지만 여기서는 악인들에 의해 넘어지는 힘없는 자로 보고 번역하였다. '그의 힘에 의해'에서 '힘'으로 번역된 단어는 악인들이 음모를 통해 휘두르는 위협과 폭력을 의미한다.

11절은 4, 6절처럼 악인들의 말을 다시 인용하면서 악인들이 가난한 자를 공격할 수 있는 근본적인 이유가 하나님의 심판을 두려워하지 않는 교만 때문임을 재차 강조한다. 그들은 자신들이 무고한 자에게 행한 불의가 당장 보응을 받지 않는 것을 보면서 기고만장해서 하나님의 심판을 부인하려 한다(13절; 12:4; 42:3,10; 59:7; 64:5; 71:11; 73:11; 94:7; 115:2; 사 29:15; 겔 8:12 등 참조).[50] 11절은 1절에서 시인이 탄식한 말과 유사한 '하나님이 숨다', '잊다', '보지 않다'는 표현들을 악인의 말을 통해 반복함으로써 악인의 악행에 대해 하나님께서 아무런 조치를 하시지 않는 것에 대해서 시인이 항변하는 역할도 하고 있다.

8. 악인에 대한 심판과 가난한 자의 구원에 대한 간구(10:12-15)

12 여호와여 일어나십시오
하나님이여 손을 드십시오
가난한 자들을 잊지 마십시오
13 어떻게 악인이 하나님을 멸시하며
속으로 말하길 '주는 감찰하시지 않는다' 한단 말입니까?
14 하지만 정녕 주께서는 보십니다
주는 고통과 원한을 보시고
손수 갚으려고 하시니
힘없는 사람이 주께 의지합니다
주는 고아를 도우시는 분이셨습니다
15 악하고 못된 자의 팔을 꺾어주십시오
그의 악을 더 이상 찾을 수 없을 때까지 감찰해 주십시오

12절부터 다시 알파벳 이합체 형식이 시작된다. 1절의 라멘(ל)에 이어서 여섯 개의 알파벳을 건너 뛴 다음에 12절은 코프(ק)로 시작한다. 1-11절에서 악인의 교만과 힘없는 자들에게 행한 불의를 고발했다면 12-15절에서는 그 고발에 상응하는 심판을 내려주시길 간구하는 기도가 이어진다. 11절에서 악인이 하나님이 '잊으셨고' '보지 않는다'고 했기에 12절에서는 '가난한 자들을 잊지 마십시오'라고 기도하고 있고 14절에서는 하나님께서 '보신다'고 고백한다. 이것은 9편 13절에서 다윗이 과거에 하나님께 자신의 상황을 '보시라고' 기도했던 내용과도 연결된다. 3절에서 악인이 하나님을 '멸시하고' 하나님이 '감찰하시지' 않는다고 했기에 13, 15절에서는 하나님을 '멸시하는' 악인의 죄를 샅샅이 찾으시고 '감찰하시길' 간구한다. 12, 15절이 기도라면 13,14절은 기도의 근거이다.

12절 1행의 기도는 9편 19절의 기도의 반복이며 2,3행은 이 기도의 보완이다. 12절은 마치 멀리 숨어 계시는 것 같고, 아무런 조처도 취하시지 않으시는 것 같은 하나님의 의로운 심판을 촉구하는 간구이다.[51] '손을 드는' 행위는 맹세의 의미(출 6:8; 민 14:30)일 수도 있지만 문맥상으로는 심판을 위한 것으로 보인다(삼하 20:21).[52] 다윗은 악인들의 공격에 의해 엄청난 고통을 당하고 있는 무고한 '가난한 자들'을 결코 잊지 마시길 촉구한다.

13절에서 시인은 악인들이 앞에서 하나님을 멸시하며 하나님의 심판을 부정했던 말들(3-4, 11절)은 있을 수 없는 일이라고 흥분한다. 그러면서 14절(ㄱ 레쉬 절)에서는 강조 구문("하지만 정녕 주께서는")까지 사용하면서 악인들은 하나님이 '보지 않는다'고 했지만(11절), 자신은 하나님께서 분명히 '힘없는 자들'의 고통과 원한을 '보시고' 심판하실 것을 확신한다고 고백한다. '손수 갚다'로 번역된 표현은 '주의 손에 주시기 위해'로 직역되는데 이는 하나님의 손으로 심판하시는 것에 대한 관용적 표현이다.[53] 시인은 계속해서 하나님을 고아를 돕는 분으로 부르면서 자신을 비롯한 힘없는 사람이 주님의 도움을 의지한다고 고백한다. '의지하다'와 '도우시는 분'의 어근이 같다. '고아'는 힘없는 사람의 대표이자 사회적인 약자의 대표다. 고아와 과부는 혹시 재산을 가지고 있을 수 있다고 하더라도 그것을 지킬 수 있는 힘이 제일 약한 사람들이다. 즉, 가장 쉽게 악인들의 공격의 희생자가 될 수 있는 사람이다. 시인은 자신을 비롯한 힘없는 자를 고아와 동일시하고 있다. 왜냐하면 성경에서 하나님은 고아를 도우시는 분으로 고백되고 있기 때문이다(출 22:22-24;

신 10:18; 16:11,14; 사 1:17; 렘 7:6; 약 1:27).[54]

15절(₩쉰 절)에서는 12절의 기도가 다시 이어진다. 다윗은 악인의 팔을 꺾어주시길 기도하고 있는데, 여기서 '팔'은 악인들이 자랑하고 가난한 자를 공격하는 데 사용했던 '힘'(부와 권력 등, 5-7절)을 대표하는 말이다.[55] 그리고 반복해서 악인들이 '하나님께서 자신들의 죄를 감찰하지 않는다'고 했던 것(4, 5, 6, 11, 13절)에 대해 보응해 주시길 기도한다. 악인들이 저지른 악을 샅샅이 찾아서 갚아주시길 간구한다.

9. 하나님의 의로운 통치에 대한 확신(10:16-18)

16 여호와는 영원무궁토록 왕이시기에
나라들이 그의 땅에서 멸망할 것입니다
17 여호와여 주는 가난한 자들의 소원을 들으시고
그들의 마음을 굳세게 하시며
주의 귀를 기울이셔서
18 고아와 압제당하는 자를 변호하시고
땅에 속한 인생이 다시는 위협하지 못하게 하실 것입니다

이 마지막 연은 의로운 왕이요 재판관이신 하나님께서 악인에게 고통당하는 가난한 자들을 구원하실 것

을 확신하는 부분이다. 히브리어 마지막 알파벳인 타브 (ת)로 시작하는 절은 17절이다.

16절에서 다윗은 먼저 하나님이 온 세상을 다스리시는 영원한 왕이시라고 고백한다. 이것은 시편 전체의 바탕이 되는 핵심적인 신앙고백이다. 모든 시인들은 하나님께서 공평과 정의와 사랑으로 세상을 다스리신다는 확신 위에서 탄식하고 감사하고 찬양하고 있다고 볼 수 있다. 그리고 이런 고백은 하나님을 9-10편에서 '지존자'(9:2)-'의로운 재판관'(9:4, 8, 16, 19, 10:5, 18)으로 고백한 것과 그 맥을 같이한다.[56] 지존하신 왕이시자 재판관이신 여호와께서 하나님을 대적하는 나라들과 악인들을 심판하시고, 불의를 교정하시고, 불의한 자들에게 고통당하는 자들을 구원하신다는 것이다(시 7:11; 9:7-8; 29:10; 145:13; 146:10 참조).[57] 16절에서 특이한 것은 1-15절까지는 '악인'으로 불리던 '가난한 자'의 대적이 갑자기 '나라들'로 바뀌어서 표현된다는 것이다(9:5, 15, 19, 20). 여호와께서 의인을 법정에서 변호하시는 분이시자 당신을 대적한 악한 나라들의 심판자이심이 동시에 표현되고 있다.[58] '그의 땅에서 멸망하다'는 표현은 여호와의 왕권을 대적해서 그의 나라를 쳐들어 온 나라들을 전제하는 것 같다. 이런 표현은 거룩하신 왕이신 하나님이 거하시고,

하늘 왕을 경외하는 거룩한 백성이 거하는 거룩한 땅에 불의한 나라들이 침략할 수 없음을 강조한다. 9편에서 다윗에게 과거에 주셨던 승리를 반영한다. 그런 면에서 '나라들'은 하나님을 왕으로 인정하지 않는 이스라엘 내의 악인들까지도 포함한다고 할 수 있다. 온 세상의 왕이신 여호와께서 이스라엘 가운데서도 의로운 통치자이심을 강조하는 표현으로 보인다.

17-18절은 기도 응답과 구원을 강력하게 확신하는 부분이다. 12-15절에서 표현된 '가난한 자들의 소원'을 하나님께서 들어주실 것을 확신한다. '소원'으로 번역된 히브리어 단어는 3절에서 악인의 '욕심'으로 번역되었다. 이것은 악인들은 불의한 방법으로 사람들을 괴롭히고 재산을 빼앗는 '소원'을 자랑했지만, 결국은 하나님께서 '가난한 자들의 소원'을 들어주심을 강조하는 문학적 장치다. 1-11절에 묘사된 강하고 번성하는 '악인'과 고통당하는 '가난한 자' '힘없는 자' '무고한 자'의 운명이 뒤바뀌는 순간이다. 하나님의 기도 응답은 재판정에서 고아와 '압제당하는 자'를 의롭다고 판결해주시는, 즉 그들을 변호해주시는 것으로 표현된다(18절). 이것은 단순히 그들에 대한 변호만을 의미하지 않고 그들을 괴롭힌 악인들에 대한 심판까지 포함한다. 이것은 18절 제2

행에 암시되어 있다. 다윗은 교만하게 하나님을 멸시하고 힘없는 약자들을 괴롭혔던 '땅에 속한 사람'을 하나님께서 심판하셔서 다시는 약자들을 위협하지 못하게 하실 것을 확신함으로 시를 마무리한다. '땅에 속한 인생(אֱנוֹשׁ 에노쉬)'은 '하나님께 속하지 않은 자'임을 먼저 강조한다. 동시에 하늘의 왕이시자 재판관이신 하나님과 비교도 되지 않는, 흙으로 지음 받고 땅에서 살고 땅으로 돌아가는 연약한 인간을 가리키는 표현이다(9:20). 인간이 거하는 땅의 낮음과 하늘의 높음이 대조되고 있다.[59] 그래서 그들은 궁극적인 위협이 될 수 없다(49:12, 20; 56:4, 11; 62:9; 78:39; 103:14-16; 118:6, 8-9; 144:4; 사 31:3; 렘 17:5 참조).[60] 18절의 확신은 2-11절에 묘사된 하늘을 찌를 듯한 악인들의 교만과 신성모독이 하늘 왕 앞에서 철저하게 낮춰진다는 확신이다.

교훈과 적용

1. 자신의 가난을 하나님께 고하는 자가 참된 '가난한 자'이다.

2. 의로운 재판관, 의로운 왕이신 하나님은 '가난한 자'를 돕고 '가난한 자'의 대적을 심판하신다.

3. 예수 그리스도는 참된 '가난한 자'이시며, '가난

한 자'를 돕고 그의 대적을 심판하시는 '의로운 재
판관', '의로운 왕'이시다.

4. 교회는 '가난한 자'가 되어서 이 땅의 '가난한
자'를 도와야 한다.

제3장

하나님은
부자의 하나님은
아닌가?

Psalm 10:1-18
Psalm 49:1-20

하나님은 부자의 하나님은 아닌가?

(시편 49편)

시편의 개요

시편 49편은 주로 하나님 앞에서의 인간의 태도에 대해서 노래하는 49-53편의 첫 번째 시편이다. 49편은 52편과 짝을 이루어 하나님보다 자신들과 자신들의 재물을 더 의지하는 어리석은 자의 비참한 종말에 대해서 경고하고(49:6과 52:7 참조), 교만한 부자들에 의해 고통당하는 성도들을 격려한다.[1]

49편의 장르는 성도들에게 지혜를 가르치는 지혜 시편이다. 이 땅에서의 행복과 안전함을 위해 많은 재물을 의지하는 교만한 자들은 결국 짐승처럼 비참하게 죽

게 되지만 정직한 성도들은 죽음으로부터 구원을 받게
될 것임을 교훈하고 있다. 이 시편을 여는 '서론적인 교
훈으로의 부름'(didactic opening call, 신 32:1; 사 28:23 참조)인[2]
1-4절은 '지혜' '명철' '비유' '수수께끼' 등의 어휘를 사
용하면서 시인이 가르치는 교훈에 귀 기울이기를 요청
하고 있다. 이 시편이 다른 지혜 시편들과 차이가 있는
것은 문제('수수께끼'-4절)를 던지고 그 문제를 풀어나가는
형식으로 시편이 전개된다는 것이다.[3]

　　시편 49편의 배경은 자세하게 알 수는 없다. 시인은
아마도 부자들의 악질적인 횡포에 시달렸을 것이다. 시인
은 자신이 경험한 부자들의 횡포로부터의 구원(15절)에 기
초하여 당시의 고통당하는 성도들을 격려하기 위해 이 시
를 썼을 수 있다.[4] 혹은 고라 자손 중의 한 사람이 성전에
서 예배하는 자들에게 오직 하나님만을 의지하도록 격려
하기 위해서 경험에 바탕을 두고 지었을 가능성도 있다.

시편의 구조

　　1-4절이 서언이라면, 5-11절과 13-19절은 본론부
로서 각각 12,20절의 후렴구로 끝난다.

　　전반부(1~12절)에서 시인은 사람이 아무리 많은 부
를 가졌다고 해도 죽음에서 자신을 건질 수 없고, 결국

은 아무 것도 가져가지 못하고 죽음을 노래한다. 후반부 (13~20절)에서는, 죽음에 이르는 어리석은 부자의 운명과 하나님께서 영접하시는 의인의 운명을 대조시키면서, 더 이상 부자들을 두려워할(5, 16절) 필요가 없다고 의인들을 격려한다. 이러한 대조는 아래에 도표화된 교차대구적인 구조를 통해서 더 선명하게 드러난다.

A 1-4절 서언: 지혜로운 교훈으로 모든 사람을 초대함

B 5-6절 교만한 부자를 두려워하지 않음

C 7-9절 아무리 많은 재물도 목숨을 속량할 수 없음

D 10-12절 짐승의 죽음과 같은 어리석은 부자의 죽음

D′ 13-14절 어리석은 부자의 죽음과 정직한 자의 구원

C′ 15절 하나님만이 스올의 권세에서 속량하심

B′ 16-19절 교만한 부자를 두려워할 필요가 없음

A′ 20절 결어: 깨닫지 못하는 사람의 멸망

이상의 구조를 가능케 하는 문학적 특징으로 먼저 수미상관의 특징을 들 수 있다. 2절에서 '사람'(םֶדָא 아담)이

나오고 3절에 '명철'(תְּבוּנָה 테부나)이라는 단어가 나오는데 20절에 역시 '사람'과 '깨닫다'(בִּין 빈, 명철과 같은 어근)라는 동사가 나와 시 전체에 틀을 제공한다.[5] 또 1-4절에는 지혜와 관련된 어휘들('지혜', '명철', '비유', '수수께끼')이 집중적으로 등장하여 이 시편이 지혜의 교훈임을 강조한다.[6] 다음으로 5-6절에서는 교만한 부자들을 두려워해야할 이유가 무엇인지를 물음으로 시작하고, 16-19절에서는 그들의 부귀영화가 더할 때에 두려워할 필요가 없음을 역설하여[7] 이 사이에 두려워하지 않을 이유가 설명되어 있음을 나타내고 있다. 다음으로 '속량하다'는 말이 7-8절과 15절에 동시에 나오는데, 전자가 아무리 많은 재물도 죽음으로부터 목숨을 속량할 수 없음을 말한다면 후자는 하나님만이 우리를 속량하심을 대조적으로 강조하고 있다.[8] 마지막으로 이 시편에는 재물을 의지하는 것의 어리석음을 가르치기 때문에 전체적으로 이와 관련된 어휘들('재물' '돈' '토지' '속전' '값' '번성' '자기 확신' '영화' '집' '거처')이 많이 등장한다(2, 6, 7, 8, 10, 11, 12, 14, 16, 17, 18, 20절).[9] 하지만 이런 부귀영화를 삼키는 것이 '죽음'('스올')이기에 이와 관련된 어휘 또한 많이 등장한다(9, 10, 11, 12, 14, 15, 17, 19, 20절).[10] 특별히 10-12절과 13-14절이 서로 상응하면서 부자의 죽음과 정직한 자의 구원이 대조되고 있다.[11]

이러한 특징들을 생각하면서 이 시편을 분해한다면 아래와 같은 구조를 가지게 될 것이다.

A 1-4절 서언: '사람들아' 지혜의 말을 들으라
5-12절 교만한 부자도 죽음을 면할 수 없기에 두려워할 이유가 없다
B 5-6절 교만한 부자가 에워싸도 두려워할 이유가 없음
C 7-9절 많은 재산으로도 속량할 수 없는 목숨
D 10-12절 부자도 결국은 죽을 수밖에 없음
[12절(후렴) 결어: 짐승같이 멸망하는 교만한 부자]
13-20절 교만한 부자는 죽고 정직한 의인은 구원받기에 두려워하지 말라
B´ 13-14절 스올로 내려갈 부자의 종말
C´ 15절 정직한 자를 속량하시는 하나님
D´ 16-19절 결국 죽게 될 부자의 부귀영화를 두려워 말라
A´ 20절 결어: 짐승같이 멸망하는 어리석은 부자

본문 주해

표제[12]

"고라 자손의"(고라흐 리브네 코라흐): '고라'는 레위의 증손자로서 모세와 아론에 대한 반역을 도모하다가 죽은 인물(민 16장; 26:11; 대상 12:6)이다. 고라 자손은 이 고라의 후손들로 보이며 이들은 다윗에 의해 성전 문을 지키거나(대상 9:17~19; 느 11:19) 찬양하는 임무를 부여받았다(대하 20:19). 고라 자손의 시편들(42, 44~49; 84, 85, 87, 88편)은 작은 모음집을 형성했던 것으로 보이며 이 표제는 그 모음집에 있는 시편임을 가리킨다. 고라자손의 시편들은 '하나님의 성'(46:4; 48:1; 87:3)과 같은 독특한 어휘들을 사용하며 시온 산에 대한 강조를 많이 한다.

1. 서언: 지혜의 말을 들으라(1-4절)

1 모든 백성들아 이것을 들으라
모든 세상 거민들아 귀를 기울이라
2 천한 자나 귀한 자
부자나 가난한 자를 막론하고 모두!
3 내 입은 지혜를 말할 것이며
내가 마음으로 묵상한 것은 명철일 것이다
4 내가 비유에 내 귀를 기울이고
수금 연주에 맞춰 내 수수께끼를 풀 것이다

1-4절은 5절 이하에 본격적으로 시작될 교훈에 대한 긴 서언이다. 1-2절에서 시인은 지혜 교사로서(잠 1:8) 마치 선지자인 것처럼(왕상 22:28; 사 34:1; 미 1:2) 온 세상 사람들을 향하여 자신이 전할 지혜의 말(1절의 '이것')에 귀를 기울이라고 외치고 있다.[13] 1절에서는 '모든 백성들'과 '모든 세상[14] 거민들'을 초대하고 있고 2절에서는 '천한 자나 귀한 자, 부자나 가난한 자'를 가리지 않고 모두 초대한다. 이러한 청중의 범위는 시인이 이 시편을 통해서 말함이 모든 인간들에게 해당되는 보편적인 문제임을 강조하는 것이다.[15] 2절에 나오는 '천한 자나 귀한 자'로 번역된 히브리어 표현 베네 아담(בְּנֵי אָדָם)과 베네 이쉬(בְּנֵי־אִישׁ)는 원래 둘 다 '사람의 아들'로 직역될 수 있지만, 후자가 '귀인'이나 '귀족'을 지칭할 수 있고(4:2; 62:9 참조, HALOT) 2절의 2행이 '부자'와 '가난한 자'으로 구성되어 있어서, 문맥상으로도 '천한 자나 귀한 자'라는 대조적 단어 쌍으로 보는 것이 좋다.[16] 특별히 2절에서 이런 대조적인 단어 쌍들을 사용하는 것은 의도적이라고 할 수 있다. 이 시편에서 시인이 다루려는 문제가 빈부귀천의 문제와 관련이 있기 때문이다. 시인의 교훈을 통해서 천하고 가난한 자들은 위로를 받고 귀하고 부한 자들은 경고를 받을 수 있을 것이다.

3-4절에서 시인은 1절에서 말하겠다고 한 '이것'을 '지혜' '명철' '비유' '수수께끼' 등의 다양한 지혜 용어들로 표현한다. 3절에 나오는 '지혜'와 '명철'이란 단어는 자주 같이 나오는데(잠 2:2,6; 3:13 등), 이 단어들이 여기서 복수형으로 나오는 것은 시인이 말하고자 하는 지혜가 '심오한 지혜,' '깊은 통찰력'이란 사실을 강조하기 위한 것으로 보인다.[18] 특별히 2행의 '마음의 묵상'에서 비롯되었다는 표현은 시인이 깊이 생각하고, 관찰하고, 묵상한 결과임을 알려준다.[19] 이것은 4절의 강조점인 '영감'과 연결된다. 시인은 지금 베풀고자 하는 교훈이 단순히 자신의 관찰에서만 나오지 않았음을 강조하기 위해서 "비유에 내 귀를 기울이고 수금 연주에 맞춰 내 수수께끼를 풀 것"이라고 한다. '귀를 기울이다'는 표현은 시인이 지금 말하려고 하는 지혜는 진정한 지혜를 주시는 하나님에게 (욥 28장) 귀를 기울여서 얻었음을 강조하는 것 같다.[20] 수금 연주도 하나님의 '영감'과 관련된 것으로 구약성경에서 때로 수금은 하나님의 신을 임하게 하는 도구 역할을 했다(삼상 10:5-6; 왕하 3:15).[21] 여기서 '비유'(לשׁמ 마샬)로 번역된 말은 '지혜 교훈'이나 '잠언' '조롱거리' '속담' 등으로 번역되는 폭넓은 의미를 가진 지혜 용어로(HALOT, 신 28:37; 삼상 10:12; 잠 1:6; 욥 27:1; 시 78:2; 겔 17:2 등 참조), 12절 2행과

20절 2행에서는 이 명사의 어근이 '비유되다'는 동사로 사용되고 있다. 두 번째로 시인이 말하는 '수수께끼'는 '오묘한 말,' '비유,' '난제' 등으로 번역될 수 있다(78:2; 삿 14:12-19; 민 12:8; 잠 1:6; 겔 17:2; 단 8:23; 왕상 10:1). 인생에서 중요한 난제의 하나를 시인이 이 시편을 통해서 풀어 설명하겠다는 의도이다. 하지만 3-4절에서 사용된 지혜 관련 용어들은 그 의미들이 엄밀하게 구분되어서 사용되지 않는다. 여기서 시인이 말하는 '비유'와 '수수께끼'(78:2; 잠 1:6; 겔 17:2)는 3절의 '지혜'나 '명철'과 함께 자신이 지금 교만한 부자들의 운명에 대해서 말하고자 하는 통찰력 있는 교훈들을 가리킨다고 봐야 한다.[22]

2. 교만한 부자도 죽음을 면할 수 없기에 두려워할 이유가 없다(5-12절)

1) 교만한 부자가 에워싸도 두려워할 이유가 없음(5-6절)

5 어떻게 내가 환난의 날에 두려워할 것인가!
나를 속이는 자들의 죄악이 나를 에워싸는 날에!
6 그들은 자기의 재물을 의지하고
돈이 많음을 자랑하는 자들이다

5-11절에서 시인은 가난하고 힘없는 자들이 자신들을 위협하고 뽐내고 다니는 어리석은 부자들을 보면서 주눅들 필요가 없다고 격려한다. 그 이유는 그들도 결국은 죽을 수밖에 없고 그 때는 그들의 재물이 아무런 소용이 없기 때문이라고 한다.

5절은 이러한 시인의 교훈을 시작하는 도입절로서 수사의문문의 형태를 띠고 있다. 시인은 수사의문을 통해서 자신을 '속이는 자들의 죄악'에 의해 당하는 환난의 때에도 두려워할 이유가 없음을 강조한다. '나를 속이는 자들'로 번역된 단어는 원래 맛소라 본문에는 '나의 발꿈치들'(아케바이 עֲקֵבַי)[23]이라는 명사로 나와서 개역개정에는 '나를 따라다니며'로 번역을 하고 있다. 하지만 이 명사는 모음을 다르게 찍으면(즉 오케바이 עֹקְבַי) 분사가 되어 '나를 속이는 자들' 혹은 '나의 것을 탈취하는 자들'이 될 수 있다(NIV, ESV, TNK 등).[24] 이들의 정체는 6절에서 좀 더 상세하게 부연 설명되고 있다. 이들은 자기가 가진 재물을 의지하고 돈이 많음을 자랑하면서 시인처럼 가난하고 힘없는 사람들을 위협하고 속임수로 그들의 것을 탈취하는 자들이었다.[25] 교만한 부자들의 이런 '죄악'은 '힘없는 자들'을 '에워싸고 있어서' 그들은 엄청난 두려움과 고통 가운데 빠질 수밖에 없었을 것이다. 하지만 시인은 5절에서 부자들의 횡포에 주눅 들어 사는 사람들을 대변하면서, 그들의 횡포에 대해서 두려워할 필요가 없다고 확신을 가지고 말하고 있는 것이다.[26] 왜냐하면 7절 이후에서 설명하듯이 이들도 결국은 죽기 때문이다.

6절은 대부분의 영어 번역본들이 그렇게 번역하는 것처럼 7절이 아니라(개역개정) 5절과 연결되는 절이다. 즉, 6절은 5절의 시인을 '속이는 사람들'이 어떤 사람들인지를 부연해서 강조하는 절로 봐야 한다. 왜냐하면 5-6절의 복수 주어는 복수 동사들과 그 수가 일치하고 7절은 단수 주어와 동사로 새로운 주제를 도입하기 때문이다. 여기에 등장하는 불의하고 교만한 부자들은 자신의 재물을 '의지하고'(52:1,7) 돈이 많은 것을 '자랑하는' 자들이다. 즉 이들은 이 땅의 많은 사람들처럼 자신들의 행복이 부에 달려 있다고 믿고 또 그렇게 공개적으로 말하고 다니는 사람들이다.[27] 여기서 '의지하다'('믿다')는 동사 바타크(בטח)와 '자랑하다'('찬양하다')는 동사 할랄(הלל)은 둘 다 하나님께 사용되어야 하는 것이다. 이러한 어휘 전용 현상은 18절에서도 '축하하다'(바라크 ברך)와 '칭찬하다'(야다 ידה)는 동사에서 일어나고 있다.[28] 시인이 이런 어휘들을 사용한 것은 교만한 부자들이 하나님보다 자신들이 가지고 있는 부를 더 의지한다는 것을 의도적으로 강조하기 위한 것으로 보인다. 사람들은 이런 자들을 '두려워하기'(5,16절) 쉽지만, 시인은 이 시편의 교훈에서 오직 하나님만을 '두려워할' 것을 강조하고 있다.[29]

2) 많은 재산으로도 속량할 수 없는 목숨(7-8절)

7 참으로 스스로를 속량하고
하나님께 자신을 위한 속전을 드려서
8 [그들의 목숨 값은 너무 비싸서
영원히 치를 수 없기에]
9 영원히 살고
죽음을 보지 않을 사람은 정녕 아무도 없다

7절부터 악한 부자들의 횡포를 두려워하지 않을 이유들을 제시하는데 첫 번째 부분인 7-9절에서는 아무리 돈이 많아도 자신의 생명을 하나님이 선고하신 죽음으로부터 사서 구해낼 수는 없기 때문이라고 교훈한다.

7-9절의 번역은 쉽지 않다. 7절의 맛소라 본문은 "아무도 자기의 형제를 구원하지 못하며"로 되어 있고 한글 번역과 많은 영어번역본들도 이 본문을 따른다. 하지만 BHS의 제안이나 일부 필사본의 증거와 15절과의 연결성으로 볼 때, 제일 앞에 나와 있는 명사 חָא(아흐, '형제')는

강조하는 부사 ㄱ졉(아크, '참으로')로 읽고, 능동 동사(ㄱ졉졉)를 재귀 혹은 수동형인 닢알 동사(ㄱ졉졉)로 읽는 번역이이 더 자연스럽다.[30] 5-6절의 문맥으로 볼 때 여기서 언급하는 사람은 부자이며, 여기서 부자가 돈으로 죽음으로부터 스스로를 구원할 수 없음을 강조하기 때문이다. 그리고 사실상 7절은 9절과 바로 이어진다. 8절은 7절의 근거를 밝히기 위해 첨부한 구절이기에 괄호 처리를 해야 한다.[31] 왜냐하면 9절은 "그는 영원히 살고/ 죽음을 보지 않을 것이다"로 직역될 수 있는데 이것은 문맥에 맞지 않고, 개역개정(그리고 TNK)처럼 의문문으로 볼 근거도 없기 때문이다.[32]

전체적으로 보자면 하나님의 죽음의 선고로부터 자신의 목숨을 돈으로 사서 영원히 살 수 있는 부자는 없다는 말을 하고 있다. 부자들은 많은 재물과 돈을 가지고 영원히 '죽음'('무덤' '구덩이' 14절의 '스올'과 유의어)을 보지 않고 영원히 행복하게 살 수 있을 것처럼 행동한다(9절). 하지만, 그들이 아무리 많은 돈을 가지고 있어도 그것으로는 다른 사람은커녕 자신의 생명도 죽음으로부터 구할 수 없다(7절). 이 세상 어떤 재물로도 죽음의 선고로부터 목숨을 살릴 수 없는데(8절), 이는 생명을 살리는 일은 돈이 아니라 오직 하나님께 달려 있기 때문이다(15절). 7

절의 '속전'(תָדֶפ), 8절의 '목숨 값'(תָדֶפ)으로 번역된 단어들
은 둘 다 '속량하다' '구속하다'는 어근에서 비롯되었다.
7절의 '구속하다'는 동사는 '돈을 지불함으로써 사형에
해당하는 벌에서 건져내는 것'을 의미한다(출 21:29-30; 민
35:31; 잠 6:35; 출 30:12; 잠 13:8; 욥 33:24 등 참조).[33] 이런 의미에
서 이 구절들은 여기서의 죽음을 악한 부자들에 대한 하
나님의 심판으로 보는 것 같다.[34] 생명과 삶을 주관하시
는 하나님께서 생명을 요구하신다면(7 하반 절; 눅 12:20) 그
어떤 권세와 부귀도 소용이 없다.

3) 부자도 결국은 죽을 수밖에 없음(9-12절)

10 정녕 그는 볼 것이다!
지혜로운 사람들도 죽고
어리석고 무지한 사람들도 함께 멸망하되
그들의 재물은 남들에게 남기고 떠나는 것을!
11 아무리 자기 이름으로 토지를 사두어도
그들의 무덤이 그들의 영원한 집
그들이 대대로 거할 곳이다
12 사람은 제 아무리 영화를 누려도 오래 살지 못
하며
멸망하는 짐승들같이 된다

7-9절이 하나님의 죽음 선고로부터 어떤 재물로도 목숨을 속량할 수 없음을 말했다면 10-12절에서는 직설적으로 아무리 재산이 많은 부자도 재산을 가져가지도 못하고 결국은 멸망하는 짐승들처럼 죽게 됨을 교훈한다.

10절은 죽음의 보편성을 말해 준다. 10절을 시작하는 단어 כִּי(키)는 '왜냐하면'으로 번역되어 앞부분의 이유를 설명하는 절을 이끈다고 볼 수도 있고, '정녕'으로 번역하여 강조를 하고 있다고 볼 수도 있다.[35] 교만한 부자는 결국은 모든 사람들이 재산을 가져가지 못하고 죽는 것을 보고 깨달아야 한다. 지혜 있는 자도 죽고 어리석고 무지한 자도 함께 죽는 것을 누구나 볼 수 있는데 부자들은 자신이 마치 죽지 않을 것처럼 살기 때문이다. 여기서는 순서가 중요한 것 같다. 지혜로운 사람이 먼저고 어리석은 자들은 나중이다. 시인은 여기서 하나님을 경외하고 인생의 지혜를 깨달은 지혜로운 사람도 죽는데 하물며 어리석은 자들은 어떻게 되는지를 강조하고 있는 것 같다(전 7:2; 9:5; 73:18-20; 92:6-7; 52:5; 89:48; 욥 30:23; 전 2:14-16 참조).[36] '지혜로운 자'는 궁극적으로 하나님을 경외하는 의인이며 '어리석고 무지한 자'는 위에서 말했던 어리석은 부자들을 포함한 악인들을 말한다(시 37편). 여기서의 '어리석음'은 하나님을 염두에 두지 않고 악한 방법까지 동원하여 재물을 쌓는 데 혈안이 되어 살아간 것(6절; 53:1-4; 눅 12:20)을 가리킨다.[37] '어리석은 자'의 죽음에서 더 허무한 것은 그들이 그렇게 쌓으려고 했던 재물을 죽음 이후까지 가져갈 수 없다는 사실이다. 재물(6절의 '재물'과 같은 단어)이 다른 사람에게 남겨진다는 말은, 자식이 아닌 엉뚱한 사람들의 수중에 그 재산이 들어가는 상황을 가리킨다(전 2:18, 21; 37:29; 39:6; 눅 12:20-21).[38]

11절은 맛소라 본문대로 번역하면 개역개정처럼 "그들의 속생각에 그들의 집은 영원히 있고 그들의 거처는 대대에 이르리라 하여"로 된다. 하지만 '그들의 속생각'으로 번역된 히브리어 단어(קִרְבָּם 키르밤)는 70인역 등의 역본을 따라서 가운데 자음이 바뀐 '그들의 무덤'(קִבְרָם 키브람)으로 읽히는 것이 더 자연스럽다(새번역, NIV, ESV, TNK, HALOT).[39] 그러면 11절은 위의 번역처럼 될 것이다. 그리고 위에서 제 1행으로 번역된 행은 히브리어 본문에서는 제3행이다. 직역하면 "그들이 토지를 자기들 이름으로 부른다"인데, 이것은 토지의 소유권을 이전하는 관습적 행위를 일컫는 것 같다.[40] 혹은 묘지를 많은 돈을 주고 사서 꾸미고 그 토지나 비석에 자신들의 이름을 남기는 행동을 의미할 수도 있다.[41] 종합하자면 11절은 부자들이 아무리 많은 땅을 사서 자신의 이름으로 등기를 해

둔다 해도 그들의 영원한 소유가 될 수 없고, 오직 한 평의 무덤만이 그들의 영원한 거처(전 12:5)가 될 것이라고 풍자적으로 말하고 있다. 그러므로 이 땅에서 많은 땅을 소유하며 자랑하고 위협하는 부자들을 부러워하거나 두려워할 필요가 없다.

12절은 후렴구이자 어리석은 부자들의 묘비명이기도 하다. 12절 1행은 "사람은 영화 가운데서도 하루 밤도 유숙하지 못한다"로 직역될 수 있다. '영화'로 번역된 히브리어 단어는 8절에서는 '비싸다'는 의미의 동사로 사용되고 있다. 이것은 여기서 말하는 '영화'가 앞에서 강조했던 재물을 쌓아서 얻은 결과임을 보여준다. 하지만 '하루 밤도 머물지 못한다'(발 야린 בַּל־יָלִין)는 어구는[42] 앞의 어구와 강한 대조를 보여준다. 아무리 많은 재물을 가지고 부귀영화를 누려도 그 인생이 하루 밤에 비교될 정도로 짧고 허무할 수밖에 없음을 강조하는 것 같다. 이렇게 이해하면 '짐승의 죽음처럼 허무한 죽음'을 말하는 12절 2행과도 잘 조화를 이룰 수 있다(전 3:19). 하여간 12절은 교만한 부자들의 생전의 부귀영화와 허무하고 비참한 죽음 사이의 강한 대조를 보여준다.

3. 교만한 부자는 죽고 정직한 의인은 구원받기에 두려워하지 말라(13-20절)

1) 스올로 내려갈 부자의 종말(13-14절)

13 이것이 바로 자기 확신에 찬 자들의 운명이며

그들의 말을 기뻐하며 그들을 추종하던 자들의 (운명

이다) (셀라)

14 그들은 양처럼 스올로 인도되며

죽음이 그들의 목자가 되지만

아침에 정직한 사람이 그들을 다스리고

그들의 모습 썩어갈 때

스올이 그들의 거처가 될 것이다

후렴구인 12절 후에 새로운 부분을 도입하는 13절에서 시인은 1절에서와 유사하게 '이것'이라는 지시대명사로서 이후의 절들에서 무엇을 말할 것인지를 안내한다. 즉 여기서 '이것'은 1절의 '이것'이 그러했듯이 앞의 내용이 아닌 뒤의 내용을 가리킨다.[43] 이 부분에서 시인은 교만한 부자들과 정직한 의인들의 대조적인 운명을 강조하고 있다.

13절에서 '자기 확신에 찬 자들' 혹은 '자신들을 믿는 자들'로 번역될 수 있는 어구는 개역개정처럼 '어리석은 자들'로도 번역될 수 있다(NIV). 아마도 시인은 10절에 있는 '어리석은 자'와 같은 어근에서 나왔지만 '확신'으로 번역될 수 있는 단어를 선택함으로써, 부자들이 부귀영화를 누리면서 자기자신을 신뢰함이 얼마나 어리석고 근거 없는지를 보여주려고 한 것 같다.[44] 그렇게 되면 이 구절은 6절에서 묘사한 것처럼 자신들이 가지고 있는 부를 의지하고 자랑하는 사람들을 가리키게 된다. 그리고 '운명'으로 번역된 단어의 원래 의미는 '길'이다. '길'이라는 단어는, 13절이 자신을 의지하는 교만한 부자들뿐만 아니라, '그들의 말을 기뻐하는 자들' 즉 부자들의 삶의 방식에 동의하고 그들을 추종하며 그들로부터 혜택도 누렸던 사람들의[45] 운명까지 포함한다. 그리고 후의 절들에서 자세하게 묘사될 것이다. 13절 제2행은 BHS의 제안처럼 '그들의 추종자들'(אחריהם 아하레이헴)을 '그들의 길들'(ארחותם 아르호탐)로 읽혀질 수 있다. 그렇게 되면, 이것은 '운명'과 평행을 이루어 "자신들의 말을 기뻐하던 자들의 종말이다"로 번역될 수 있다.[46]

14절 본문은 해독하기 어려워 번역이 다양하다. 한 가지 다른 번역의 예를 제시하면 NIV의 번역을 들 수 있다.

그들은 양과 같이 죽을 운명이며

죽음이 그들의 목자가 될 것이다

(하지만 아침에는 정직한 자들이 그들을 이길 것이다)

그들의 모습은 무덤에서 썩어질 것인데

그건 그들의 값비싼 맨션들과는 거리가 멀 것이다

하지만 이상의 번역도 우리 번역과 전체적으로는 다르지 않다. 스올로 가는 것이 어리석은 부자들과 그들의 추종자들의 운명이다. 그런데 가장 충격적인 사실은 사망이 그들을 양같이 스올(무덤)로 인도하는 목자가 되리라는 점이다. 즉 사망이 목자처럼 자신의 먹잇감을 먹여서 결국은 스올로 끌고 가는 그림이 그들의 삶을 적합하게 묘사한다는 것이다(69:15; 141:7; 잠 1:12; 27:20; 30:15-16; 사 5:14; 욜 2:2).[47] 12,20절 후렴구에서 부자들의 죽음을 '짐승들'의 그것과 비교했다면 여기서는 그 짐승의 예로 '양'이 나오고 있다. 이들은 하나님이 아닌 돈을 목자로 섬기고 살다가 결국은 '죽음'이 그들의 목자가 되고 만 것이다. '스올'은 삶이 단절되는 '죽음의 세계'나 단순히 '무덤' 혹은 '죽음'을 가리킨다.

"정직한 자들이 아침에 그들을 다스린다"는 말은 해석이 힘든 부분이라 어떤 번역은 "그들은 바로 무덤으로 내려갈 것이다"라고 '다스리다'(יִרְדּוּ)를 '내려가다'(יֵרְדוּ)로

고쳐 읽어서 해석하기도 한다(NRSV). 문자 그대로 해석을
한다면 이 말은 부자들이 억압하던 의인들(5절)이 그들이
죽은 바로 그 다음 날에 기세를 회복하는 것을 묘사하는
것 같다. 즉 5절의 상황이 역전이 되는 순간이다. 이 상황
은 15절에서 자세하게 묘사되고 있다. 여기서 '아침'은
위기의 밤에 뒤따르는 구원의 아침을 말한다(15; 6:5; 11:7;
16:9-11; 17:15).[48] '정직한 자'(יָשָׁר 야샤르)는 2,6,16절에 반복
적으로 등장하는 '재물'(돈, 부자, עָשִׁיר 아쉬르)이라는 단어와
발음은 비슷하지만 정반대의 의미를 갖는다.[49]

"그들의 모습 썩어갈 때/ 스올이 그들의 거처가 될
것이다"는 표현은 생전에 부귀영화를 누리며 살던 부자
들의 존귀한 모습이 무덤에서 썩어 없어질 것을 말하고,
그 무덤은 그들이 안락하게 살았던 거처와는 너무나도
거리가 먼 차디차고 좁은 장소임을 강조한다고 볼 수 있
다. 생전의 존귀한 모습과 완전히 대조되는 어리석은 부
자의 비참한 죽음을 강조하고 있다.

2) 정직한 자를 속량하시는 하나님(15절)

15 그러나 하나님은 나를 취하실 것이기에
내 영혼을 스올의 권세에서 속량하실 것이다

(셀라)

15절은 악한 부자들과 극명한 대조를 이루는 '정직한 자'(14절)의 구원을 노래한다. 정직한 자의 대표로서 시인은, 의인의 영혼은 하나님께서 스올의 권세에서 속량하셔서 직접 당신에게로 취하실 것이라고 확신 있게 고백한다. 여기서 히브리어 동사 '구속하다'(속량하다)는 7-9절에 나오는데, 7-9절과는 대조적이다. 아무도 자신의 생명을 돈으로 사서 속량할 수 없지만 하나님은 하실 수 있음을 강조한다. 15절은 '스올의 권세'로 상징되는 악한 부자들의 횡포로부터 하나님께서 가난한 의인을 구하신다는 의미를 가질 수도 있다. 하지만 여기서는 한 걸음 더 나아가는 것으로 보인다. '취한다'는 동사는 하나님께서 에녹이나 엘리야를 취하셔서 데려가심 같이 (창 5:24; 왕하 2:3,5) 의인의 영혼을 당신께로 영접하시는 것 (73:24)을 묘사한다.[50] 즉 죽음을 넘어서 하나님의 존전으로 나아가는 것이다. 구약 시대에 죽음과 죽음 이후의 세계에 대한 생각이 구체적으로 정리되지는 않았지만, 구약의 성도들은 죽음을 넘어서는 세계에 대한 희미한 그림은 갖고 있었다고 보인다. 죽음이 의인들의 소망의 끝이 아니며 하나님께서 그들을 위해서 그 이후를 준비하고 계심을 알고 있었음이 거의 확실하다(16:9-11; 17:15; 눅 16:22). 이는 시인이 가지고 있었던 정직한 자의 마지막 운명에 대한 생각이다. 불의하고 자기 확신에 가득 찬 어리석은 부자의 목자가 죽음이라면, 하나님을 의지하는 의인의 목자는 하나님이다. 그가 친히 의인들을 인도하여 여호와의 집에 영원히 살게 하신다(시 23편).

3) 결국 죽게 될 부자의 부귀영화를 두려워 말라(16-19절)

16 두려워하지 말라
누가 부자가 되어도
그 집의 영화가 더해져도!
17 그가 죽을 때 아무 것도 가져가지 못하고
그의 영화도 그를 따라 내려가지 못하기에!
18 비록 생시에 그가 스스로를 축복하며
-네가 번성할 때 사람들이 너를 칭찬해도-
19 그들은 이전의 조상들에게로 돌아가며
영원히 빛을 보지 못할 것이다

16절에서 시인은 이제 자신의 독자들을 향하여 두려워하지 말라고 권면한다. 이상의 묘사가 어리석은 부자들의 운명이라면 이 땅에서 누리는 그들의 부귀영화를 보면서 두려워할 필요가 없다는 것이다. 5절에서 "왜 두려워해야 하느냐?"고 외쳤던 자신의 확신을 독자들에게는 "두려워하지 말라"는 말로 교훈하고 있다. '집의 영화가 더해진다'는 표현은 재물이 늘어나서 그것을 누리는 모습을 그려준다. 이것은 정확하게 11절의 부자의 행동을 반영한다.

17절과 18-19절은 16절의 권면에 대한 이유를 설명하는 절들로서 17절과 18절 모두 '왜냐하면'이라는 관계부사(כִּי 키)로 시작한다. 17절에서 시인은 두려워말아야 할 첫 번째 이유로 부자가 죽을 때 어떤 부귀영화도 가져갈 수 없기 때문임을 내세운다. 정확하게 10절을 반영한다. 18-19절에서 말하는 두 번째 이유는 부자들이 아무리 자신이 가진 부귀영화로 인해서 자신을 행복하다고 생각하고, 사람들도 그렇게 사는 것을 칭찬했다고 해도(18절), 그들은 결국은 죽어서 생명의 빛을 보지 못할 것이기 때문이다(19절).

18절의 "자기를 축복하며"는, 6절에서 설명했듯이 마치 하나님께 찬양을 드리듯이 스스로를 자랑하는 모습을 말하는 것으로 보인다. 이것은 평행을 이루는 동사인 '칭찬하다'가 주로 하나님께 감사 찬양을 드릴 때 사용되는 것과 유사하다. 6절에서처럼 18절도 부자들이 하나님께 돌려야할 영광을 그들 자신에게 돌리는 교만한 모습을 강조한다. 또 18절 2행에서 갑자기 2인칭이 나오는 것은 2절에서 이 시편의 교훈이 부자들에게도 주어짐을 상기시키기 위한 것으로 보인다. 즉, 이것은 지금 시인이 부자들에게 주눅 들어 사는 가난한 자들을 격려하기도 하지만 재물을 의지하는 부자들에게 경고를 주고 있음을 강조하는 것이다. 즉 부자들이 깨닫도록(20절) 하기 위함이다.

19절의 "이전의 조상들에게로 돌아간다"는 표현은 '가족 무덤'에 묻히는 것을 가리키지만(창49:29) 여기서는 단지 죽음에 대한 관용적인 표현으로 사용되었다. 아무리 이 세상에서 사람들이 부러워할 정도로 부귀영화를 누리면서 살고, 그것을 자랑하면서 살아도, 결국 그도 '모든 사람들의 길'로 갈 수밖에 없음을 강조한다고 볼 수 있다.[51] "영원히 빛을 보지 못한다"는 말은 스올이 어둠과 죽음의 세계이므로(욥 17:13; 시 88:12), 하나님과 하나님이 주시는 생명의 빛을 누리지 못하게 됨을 묘사한다 (27:1; 36:9). 이것은 하나님께서 스올에서 건져주시는 의인의 삶을 노래하는 15절과 대조된다. 영원한 하나님과의 단절이야말로 가장 무서운 죽음의 저주다.

4. 결어: 짐승같이 멸망하는 어리석은 부자(20절)

20 사람은 제 아무리 영화를 누려도 깨닫지 못하면
멸망하는 짐승들처럼 되고 만다

이제 시인은 앞에서 말했던 어리석은 부자들의 무
덤에 비문을 세우듯이 12절에 대응하는 후렴구로 이 시
편을 마무리 한다. 이 후렴구는 부자들의 문제는 깨닫지
못하는데 있음을 강조한다. 즉 죽음을 대비하지 않고 현
재 눈에 보이는 재물만 의지하고 자랑하는 자들은 짐승
과 같은 운명에 직면할 것이라는 말이다. 진정한 행복은
재물이 아니라 그 재물을 허락하시고 죽음을 극복하는
길을 여시는 하나님을 의지하는 데 있음을 간접적으로
천명한다. 그러므로 이 후렴구는 1-4절에서 시인이 말
하겠다고 한 지혜, 명철, 비유의 핵심적인 교훈이며 그
가 풀 것이라고 했던 '수수께끼'의 답이라고 할 수 있다.

교훈과 적용

하나님의 백성들이 부에 대해 가져야할 지혜

1. 자기 재물을 의지하고 부유함을 자랑하며 의인
을 괴롭히는 자들은 결국은 아무 것도 가져가지 못하고
짐승처럼 죽고 만다.

2. 하나님은 자기 재물을 의지하는 부자는 멸하시지만 의인은 죽음에서 구원하신다.

3. 그러므로 의인은 부와 권세로 불의하게 자신을 위협하고 압제하는 부자들을 두려워할 필요가 없다.

4. 재물과 권세를 하나님보다 더 의지하려는 자들은 속히 회개하고 오직 하나님만 의지해야 구원받을 수 있다.

제4장

─

설교 세편

─

Psalm 10:1-18
Psalm 49:1-20

4장
설교 세편

첫 번째 설교

시편 10편 1-18절 "가난한 자를 잊지 마옵소서"

오늘 우리가 읽은 시편 10편에는 '가난한 자' '가련한 자' '무죄한 자' '외로운 자' '고아' '겸손한 자' '압제당하는 자' 등의 표현들이 많이 등장합니다. 다윗은 자신과 무고하게 고난당하는 성도들을 이렇게 부르고 있습니다.

사랑하는 성도 여러분, 누가 '가난한 사람'입니까? 이 시편은 어떤 사람이 가난한 사람이라고 말합니까? 이 시편에서 가난한 사람 다윗은 어떻게 하고 있습니까? 하나님은 가난한 사람에 대해서 어떻게 하고 계십니까? 이런 질문들에 대해서 시편 10편 본문을 살피면서 함께 생각해보고 적용하도록 하겠습니다.

첫째로, 현실적인 가난을 하나님께 고하는 자가 참된 '가난한 자'라고 말합니다.

다윗은 시편 10편을 쓸 때에 구체적인 배경은 알 수 없지만 악인들에 의해서 엄청난 고통을 당하고 있습니다. 1-11절에 보면 자신과 이스라엘에게 온갖 악을 행하는 악인들의 횡포를 하나님께 고발하고 있습니다.

그들은 어떤 사람입니까? 무엇보다 악인들은 교만한 사람들입니다. 2절에 보면 교만하게 가난한 자를 핍박합니다. 음모를 꾸며서 가난한 자를 핍박하고 가난한 자의 재산과 그들의 생명을 뺏으려고 하는 자들입니다. 3절에 보면 그런 자신들의 욕심을 자랑까지 합니다. 더 교만하게도 그렇게 나쁜 짓을 하면서도 4절에서처럼 "하나님이 어디 있어? 하나님은 못 보셔."합니다. 9절에서는 "하나님께서 잊으셨고 얼굴을 숨기시고 영원히 보지 않으실 거야"라고 합니다. 13절에는 더 직접적으로 표현되어 있습니다. "하나님을 멸시하며 하나님이 못 보셔." 합니다. 5절에서 설명하듯이 하나님이 계셔도 개입하지도 심판하시지도 않는다는 교만한 말입니다. 6절에서처럼 이렇게 나쁜 짓하면서 살아도 "영원히 잘 될 거야"라고 말하는 자들입니다.

이 악인들이 꾸미는 음모와 이들이 하는 행동은 무엇입니까? 한 마디로 약자와 가난한 자를 죽이는 일입니다. 7절부터 10절까지는 그들이 저주와 거짓말과 폭언으로 가난한 사람들을 공격하는 장면이 묘사되어 있습니다. 몰래 음모를 꾸며서 마치 사자가 먹잇감을 낚아채듯이 가난한 자를 잡으려고 합니다. 악인들은 거짓말로 선한 자들을 사회적으로 매장시키려고 합니다. 법정에서 일을 꾸며서 남의 재산을 갈취합니다. 이렇게 할 수 있는 것은 그들이 하나님의 심판을 두려워하지 않기 때문입니다. 그들은 말로는 하나님을 부인하지 않으면서 실제로는 전혀 하나님을 인정하지 않는 실천적 무신론자들입니다.

시편에서는 이런 악인들에게 고통을 당하는 힘없는 자들, 실제로 재산을 잃고, 괴로움을 당하는 사람들을 '가난한 자'라고 말합니다.

다윗을 한 번 생각해 보십시오. 그는 하나님과 하나

님의 백성을 사랑해서 자신의 목숨까지 걸고 골리앗이나 블레셋과 싸운 사람입니다. 사울에게 충성한 사람입니다. 하지만 사울에게 미움과 시기를 받아서 수년 동안 광야를 전전하게 됩니다. 사울은 아마도 다윗이 자신의 왕위를 찬탈하려 한다고 생각했을 것입니다. 광야를 전전하면서 목숨의 위협을 느끼고, 배가 고프고, 가난하고, 질병에 걸리고, 나발 같은 사람들에게 무시를 당하기도 했습니다.

무엇보다 견디기 힘들었던 것은 하나님 앞에서 느끼는 억울함이었습니다. 그래서 8절에 보시면 다윗은 자신을 '무고한 자'라고 말합니다. 죄를 한 번도 짓지 않았다는 말이 아니라 악인들에게 잘못하지도 않았는데 억울하게 누명을 썼다는 말입니다.

시편의 '가난한 자'는 돈이 없다는 이유로, 인종, 지위, 성, 신분, 학벌 등의 이유로 많은 차별과 학대를 당하는 자들입니다. 고아나 과부나 외국인 노동자들처럼 힘이 없어서 가난하게 살 수밖에 없는 사람들입니다.

자신보다 강한 대적들에 의해서 핍박을 받고, 중상모략을 당하지만 자신을 방어할 힘이 없는 약자들입니다. 억울한 일을 당해도 자신을 변호하고 도와줄 사람이 없는 사람입니다. 자신에게는 의지할 구석이 아무 것도 남아 있지 않은 사람입니다.

예수님도 사람들에게 배척을 당하고 무고하게 고발을 당하시고 많은 서러움과 가난과 고통을 경험하셨습니다. 머리 둘 곳도 없을 때도 있었습니다. 예수님도 물리적으로나 현실적으로 '가난한 자'였습니다.

그러나 시편에서 말하는 참된 '가난한 자'는 현실적으로 가난한 사람만을 가리키지 않습니다. 이 시편의 다윗처럼 자신의 현실적인 가난을 가지고 하나님께로 나아가는 자가 참된 '가난한 자'입니다. 아무 것도 의지할 것이 없기에 전적으로 하나님께만 탄식하면서 매달리는 사람이 진짜 '가난한 사람'입니다.

1절에 보시면 다윗은 자신의 상황을 두고 하나님께 탄식하고 있습니다.

여호와여, 어찌하여 멀리 서시며 환난의 때에 숨으십니까?

저의 도움은 하나님밖에 없는데 이렇게 악인들이 저를 괴롭히는 데도, 이렇게 악인들이 성도들을 핍박하는 데도 왜 가만히 계시냐는 것입니까? 억울한 심정을 하나님 앞에 터뜨리고 있습니다. 이런 사람이 정말 '가난한 자'입니다.

또 12-15절에 보시면 다윗은 하나님께 간구하고 있습니다. 14절에 보시면 '힘없는 사람이 주께 의지한다'고 합니다. 12절에서는 "여호와여 일어나십시오 하나님이여 손을 드십시오 가난한 자들을 잊지 마십시오."라고 강력하게 호소합니다. 악인들이 무고한 자를 공격하고 그들의 재산을 빼앗고 중상 모략하는데 가만히 계시지 마시고 속히 일어나셔서 악인들을 심판해 달라는 말입니다.

또 13절과 15절에서는 다시 악인들의 말을 인용하면서 악인들을 심판해주시길 간청하고 있습니다. '하나님, 악인들이 하는 말 들으셨습니까? 가난한 자를 괴롭히고 가난한 자의 것을 빼앗으면서도 하나님이 심판하지 않을 거라고 하는 말 들으셨습니까? 그런데도 가만히 계실 것입니까? 어서 빨리 하나님이 보고 계시다는 것을 좀 심판으로 말해 주십시오.' 그렇게 말하고 있습니다.

사랑하는 성도여러분, 가난한 자는 하나님 외에는 어떤 도움도 받을 수 없는 사람입니다. 그래서 하나님께로 피합니다. 절박하게, 그리고 전적으로 하나님만 의지합니다. 이런 사람이 진짜 가난한 사람인 것입니다. 다윗의 위대함은 여기에 있습니다. 예수님의 위대함도 여기에 있습니다. 이분들은 아무리 억울한 일, 해를 당해도, 어떤 인간적인 방법도 동원하지 않고 오직 하나님만 의지했습니다.

예수님은 "나의 하나님, 나의 하나님, 어찌하여 나를 버리셨습니까?" 그렇게 외치시면서도 "아버지여, 내 영혼을 아버지께 부탁드립니다." 이렇게 기도하셨습니다. 그런데 놀라운 것은 이 말들이 모두 다윗의 시편에서 왔다는 것입니다. 이것이 바로 참된 '가난한 자'의 모습입니다.

사랑하는 성도 여러분, 살기 힘드시죠? 경제적으로 가난하십니까? 억울하게 재산을 빼앗기셨습니까? 누가 여러분을 험담하고 공격합니까? 여러분은 가난한 사람입니다. 그러나 진짜 가난한 사람이 되시려면 그 모든 가난을 가지고 하나님께로 나아가야 합니다. 하나님 앞에 모든 억울함을 쏟아내면서 악인들에 대한 하나님의 심판을 기도해야 합니다. 그래야 진정한 가난한 자가 될 수 있습니다. 우리 모두 이런 참된 가난한 자가 되기를 바랍니다.

이제 두 번째 교훈을 생각해 보겠습니다. 가난한 자는 왜 하나님만 의지해야 합니까? 시편 9-10편은 하나님만이 우리의 억울함을 풀어줄 의로운 재판관이시고, 하나님만이 가난한 자의 피난처이시기 때문입니다.

9편 4절을 보십시오. "주께서 의로운 재판관으로 보좌에 앉으셔서 나를 위한 재판과 판결을 행하셨기 때문입니다."

7-8절도 보십시오.

"하지만 여호와는 영원히 좌정하신다// 심판을 위한 당신의 보좌를 세우셨다/ 그분은 의로 세계를 심판하시며/ 공평으로 만민을 재판하신다"

10편 16절을 보십시오. "여호와는 영원무궁토록 왕이시기에/ 나라들이 그의 땅에서 멸망할 것입니다."

이 세상 재판관들과 통치자들은 우리의 억울함을 다 해결할 수 없습니다. 오히려 그들은 강한 자들의 편을 들기도 합니다. 얼마나 비싼 변호사에게 사건을 의뢰하느냐에 따라서 정의가 뒤바뀌기도 하는 세상입니다. 유전무죄 무전유죄라는 말이 유행합니다. 그러나 우리 하나님은 우리가 받은 억울하게 고통에 대해 정확하게 판결해 주실 것입니다. 우리를 공격하는 불의한 사람들을 반드시 책망하시고 심판하십니다.

그래서 10편 14절에서는 하나님을 '고아를 도우시는 분'으로 부르고 있습니다. 또 17절에서는 "가난한 자들의 소원을 들으시는 하나님" 18절에서는 '고아와 압제

당하는 자를 변호하시는 분'이라고 고백합니다.

하나님은 세상에서 힘이 없는 사람들의 대표인 고
아 편입니다. 가난한 자의 하나님이십니다. 왜냐하면 고
아와 과부들, 가난한 자들은 힘 있는 자들에게 빼앗기고
억울한 일을 당해도 그냥 당하고 있을 수밖에 없는 사람
들이기 때문입니다. 세상 사람들이 그들의 편이 되어주
지 못할 때, 이 땅의 통치자들이 힘 있는 자들의 편이 될
때, 하나님이 약자들의 편이 되어 주십니다. 그런 의미에
서 하나님은 가난한 자의 하나님이십니다.

세상은 하나님의 심판이 어디 있냐고 조롱합니다.
정직하게 살면서 고생해봐야 무슨 소용이 있냐고 말합
니다. 11절에 나오는 악인들의 말을 보십시오. "하나님
이 잊으셨고 그의 얼굴을 가리셨으니 영원히 보지 아니
하시리라" 악인들이 가난한 자들을 괴롭히고 그들의 재
산을 빼앗고 거짓 소문을 퍼뜨려도 오히려 일도 잘 되고
하나님이 금방 심판하시지 않으니까 악인들이 기고만장
해서 하는 소리입니다.

우리가 이 땅에서 억울한 일을 당하고, 고난이 길어
지는 데도 불구하고 우리를 괴롭히는 자들은 더 잘되고
우리의 가난과 고통은 더 길어지기도 합니다. 그럴 때면

우리 스스로도 '하나님이 잊으셨구나, 하나님이 보시지 않으시는구나' 생각할 수 있습니다. 그래서 기도를 포기하고 싶어집니다.

그런데 다윗은 14절에서 고백합니다. 함께 읽겠습니다. "정녕 주께서는 보십니다. 고통과 원한을 보십니다."입니다.

또 9편 12절을 보십시오. 그분은 '피에 대해 감찰하시는 분이시고 가난한 자들의 부르짖음을 잊지 않으시는 분'이십니다. 9편 18절을 보십시오. "궁핍한 자는 결코 잊어버림을 당하지 않고 가난한 자의 소망은 결코 망하지 않는다"

사랑하는 성도 여러분, 악인들의 말은 거짓입니다. 하나님은 왕이요 재판관으로서 분명히 가난한 자의 억울함을 보시고, 절대로 잊지 않으십니다. 악인들을 반드시 심판하십니다. 우리가 가난한 자가 되어 하나님께 부르짖어야 하는 이유는 바로 의로운 재판관이신 하나님께서 우리 가난한 자들의 부르짖음을 결코 잊지 않으시고 그 소원을 들어주시기 때문입니다.

하나님은 개인의 재판관이실 뿐만 아니라 온 세상의 의로운 왕이시기도 합니다. 하나님은 의로운 왕이기에 가난한 자인 교회는 늘 불의한 세상 가운데서 하나님께로 나아가야 합니다. 세상이 교회를 핍박합니다. 예수님을 믿는 자들이 순교를 당합니다.

그리스도인으로서 어떻게 해야 하겠습니까? 소돔을 위해 기도했던 아브라함처럼 우리는 온 세상에 하나님의 의로운 통치가 임하도록 기도해야 합니다. 이 세상의 불의, 억울함을 치유해주시도록 기도해야 합니다. 이 땅의 교회들과 성도들을 공격하는 악한 세력들로부터 지켜주시길 간구해야 합니다. 선교사님들이 안전하게 사역하시도록 기도해야 합니다.

예수님께서 누가복음 18장에서 비유를 하나 들고 계시는데 그것은 불의한 재판관에게 나아간 과부 비유입니다. 과부는 하나님을 두려워하지도 않고 사람도 무시하는 한 불의한 재판장에게 가서 자신의 억울함을 풀어달라고 계속해서 간청합니다. 그러자 이 재판장은 과부가 계속 찾아오는 것이 번거로워서 그 과부의 요청대로 재판을 통해 억울함을 풀어줍니다. 불의한 재판관도 이렇게 하는데 하물며 우리 아버지께서 밤낮 부르짖는 자녀들의 억울함을 풀어주시지 않겠습니까?

이 비유의 끝에 예수님은 이렇게 탄식하십니다.

"세상에서 믿음을 보겠느냐" 예수님은 말세가 될수록 가난한 자가 되어서 간절하게 하나님 앞에 나와 부르짖는 믿음을 가진 사람들이 드물게 될 것이라고 탄식하십니다.

사랑하는 성도 여러분, 우리가 정말로 우리 하나님을 의로운 재판관으로 믿는다면 다른 방법 쓰기 전에 먼저 하나님께 우리의 억울함을 호소해야 하지 않겠습니까? 하나님 앞에서 가난한 자가 되어 밤낮 부르짖는 것, 이것이 믿음입니다.

사랑하는 성도 여러분, 아무리 가난해도 우리의 의로운 재판관이신 하나님 앞에서 가난한 자가 되십시오. 가난한 자의 유일한 피난처이시고 온 세상의 왕이신 하나님께 부지런히 나아가 하나님께 부르짖으십시오. 그렇게 할 때에 하나님께서 우리의 억울함, 교회의 억울함, 이 땅의 억울함을 풀어주실 것입니다. 하나님 나라가 임하게 하실 것입니다.

사랑하는 성도 여러분, 하나님은 가난한 자의 하나님이십니다. 그래서 예수님은 심령이 가난한 자는 복이 있나니 천국이 저희 것이라고 선언하셨습니다. 가난하기 때문에 하나님과 동행하고 하나님나라 안에 거할 수 있다면 백 번 천 번 가난해야 하지 않겠습니까? 가난한 여러분은 복이 있습니다. 하나님 나라가 여러분의 것입니다.

두 번째 설교
시편 49편 1-20절 "부를 자랑하는 자의 어리석음"

우리는 우리를 주눅 들게 하는 많은 교만한 부자들에게 둘러싸여 있습니다. 여기서 '부자'는 단지 넓은 아파트에 살고 돈만 많은 사람이 아니라 지위가 더 높고 학벌이 더 좋고 외모가 더 뛰어난 사람까지 포함한다고 할 수 있을 것입니다. 우리보다 조금 나은 것 가지고 잘난 체하고, 지위가지고 우리를 위협하기도 합니다. 사실은 우리 성도들은 늘 세상에 나가서 이런 사람들 때문에 속상하고 기죽고 그럽니다.

그런데 시편 기자는 그럴 필요가 없다고 단호하게 말합니다. 시편 49편 5-6절과 16절에서 시인은 돈 많다고 자랑하고 그걸로 가난한 사람들 무시하고 협박하는 부자들을 두려워할 필요가 없다고 말합니다. 그러면서 왜 그런 지에 대한 몇 가지 이유들을 제시합니다.

첫 번째 이유는 부자도 결국은 아무 것도 못 가져가고 죽기 때문입니다.

먼저 7-9절을 보십시오.

7 참으로 스스로를 속량하고/ 하나님께 자신을 위

한 속전을 드려서

8 [그들의 목숨 값은 너무 비싸서/ 영원히 치를 수
없기에]

9 영원히 살고/ 죽음을 보지 않을 사람은 정녕 아
무도 없다

이 말씀의 핵심은 아무리 돈이 많아도 그 돈으로 자
기 목숨은 살 수 없다는 말입니다. 아무리 많은 돈으로도
죽음에서 속량할 방법은 없습니다. 15절에 보면 하나님
만이 죽음에서 생명을 속량하실 수 있다고 말하고 있습
니다. 하나님께서 그만 살아라 하시면 죽을 수밖에 없습
니다. 돈으로 결코 영원한 생명을 살 수 없는 것입니다.

그런데 하나님보다 돈을 더 사랑하는 자들의 믿음은
어떤 것입니까? 돈이 많으니까 정말 좋은 것이 많습니다.
이 세상에서 가장 귀하다고 하는 음식도 먹을 수 있고, 으
리으리한 집에서 살 수도 있고, 비싼 외제차도 살 수 있
고, 돈으로 사람도 부릴 수 있어서 귀찮은 일은 안 해도
됩니다. 요즘은 돈으로 사랑도 사고 돈으로 하기 어려운
결혼도 해냅니다. 돈이 많으니까 사람들이 자기 앞에서
굽실거립니다. 마음껏 비싼 스포츠도 즐길 수 있습니다.
돈이 많으면 건강관리도 잘해서 오래 살 수도 있습니다.

이러다보니 돈이 최고가 됩니다. 돈이 영원히 행복하게 해주고 모든 어려움에서 지켜줄 것이라는 믿음이 자동적으로 생깁니다. 돈만 있으면 9절에 있는 것처럼 '영원히 살고 죽음을 보지 않을 것 같이' 착각하면서 살게 됩니다.

그런데 아닙니다. 10-12절을 함께 읽겠습니다.
10 정녕 그는 볼 것이다! / 지혜로운 사람들도 죽고 어리석고 무지한 사람들도 함께 멸망하되/
그들의 재물은 남들에게 남기고 떠나는 것을!
11 아무리 자기 이름으로 토지를 사두어도
그들의 무덤이 그들의 영원한 집/ 그들이 대대로 거할 곳이다
12 사람은 제 아무리 영화를 누려도 오래 살지 못하며
멸망하는 짐승들같이 된다

돈을 의지하고 사람들 무시하면서 사는 교만한 부자라도 눈은 있습니다. 하나님 앞에서 의롭게 사는 지혜로운 사람도 죽는 것을 봅니다. 어리석고 무지하게 하나님보다 재물을 의지하는 사람도 죽는 것을 봅니다. 그 재

물이 자식들이 아닌 다른 사람들에게 넘어가는 비참한 꼴도 봅니다. 그런데도 자기는 그렇게 죽지 않을 것이라고 착각합니다.

그런데 현실은 어떻습니까? 10절 마지막 행에서는 아무리 재물을 많이 모아도 죽으면 소용없다고 합니다. 17절에 보면 생전의 부귀영화가 죽을 때 따라 내려가지 않는다고 못 박습니다. 또 11절입니다. 아무리 많은 땅을 사서 소유하고 있었다고 하더라도 죽으면 그 땅 누리지 못합니다. 실제로 죽고 나면 필요한 땅은 한 평 무덤입니다. 무덤이 그의 영원한 집이고 땅입니다. 죽음이 그의 운명입니다. 아무리 넓은 묘지 사고 비싼 무덤 만들어 놔도 한 평의 차가운 무덤이 영원한 집인 것입니다.

12절은 결정타를 날립니다. 아무리 부귀영화를 누렸다고 해도 죽을 때는 짐승처럼 숨이 가빠져서 죽습니다. 짐승처럼 죽고 마는 것입니다. 전도서 3장 19절에서는 이렇게 말하고 있습니다.

"인생이 당하는 일을 짐승도 당하나니 그들이 당하는 일이 일반이라 다 동일한 호흡이 있어서 짐승이 죽음 같이 사람도 죽으니 사람이 짐승보다 뛰어남이 없음은 모든 것이 헛됨이로다"

하나님 앞에서 보면 하룻밤도 채 살지 못하고 죽는 허무한 인생입니다. '오래 살지 못하고'의 원래 의미는 '하룻밤도 채 머물지 못하고' 입니다. 살았을 때 돈 많은 것 믿고 떵떵거리면서 교만하게 살다가 죽었는데 묘비에 이렇게 새겨져 있다는 것입니다.

　　"하룻밤도 채 머물지 못하고 짐승처럼 가다"

　　사랑하는 성도 여러분, 지금 혹시 교만하고 악한 부자들, 권력자들 때문에 힘드십니까? 두려워하지 마십시오. 곧 죽을 겁니다. 그들이 가지고 있는 재물과 권세 영원하지 않습니다. 하나님이 그들을 불러 가십니다. 혹시 그들의 횡포가 너무 오래 지속되는 것 같습니까? 그럼 이렇게 생각하십시오. 하나님께서 그들에게 짐승처럼 죽지 않을 기회를 주고 계시는 것이라고요.

　　사랑하는 성도 여러분, 혹시 여러분이 지금 누리고 계시는 재물이나 권력을 영원할 것처럼 의지하시지는 않습니까? 아까운 것들이 너무 많아서 죽음이 올까 두렵습니까? 죽음 앞에 여러분의 재물을 놓아 보십시오. 다 헛된 것입니다. 돈으로 죽음을 막을 수 없습니다. 그렇다면 돈을 의지하거나 돈 때문에 약자들을 괴롭히면 안 되지 않겠습니까? 죽음으로 부르시는 하나님께서 사용하라고 하시는 곳에 돈을 사용하면서 살아야 하지 않겠습니까? 영원한 의미를 남기는 일에 돈을 쓰면서 살아야 하지 않겠습니까?

돈 가지고 횡포부리는 사람들 불쌍히 여기면서, 늘 죽음이 닥쳐올 것을 기억하면서, 하나님만을 의지하시는 여러분들 되시길 축복합니다.

악한 부자들을 두려워하지 말아야 할 두 번째 이유는 하나님께서 그들을 죽음에서 건지시지 않기 때문입니다. 13과 14절을 함께 읽겠습니다.

13 이것이 바로 자기 확신에 찬 자들의 운명이며 그들의 말을 기뻐하며 그들을 추종하던 자들의 (운명이다) (셀라)

14 그들은 양처럼 스올로 인도되며/ 죽음이 그들의 목자가 되지만 아침에 정직한 사람이 그들을 다스리고/ 그들의 모습 썩어갈 때 스올이 그들의 거처가 될 것이다

시인은 하나님보다 돈을 더 의지하고 확신에 차서 살던 사람의 운명을 말합니다. 생전에 돈을 목자로 삼고 살던 사람들의 최종적인 목자는 '죽음'이라고 선언합니

다. 양이 목자에게 이끌리듯이 어리석은 부자는 죽음에게 이끌려 차디찬 무덤으로 들어갈 것입니다. 무덤이 그들의 영원한 거처가 될 것입니다. 마지막 날에 하나님이 그들의 목자가 되지 않으신다는 말입니다. 하나님이 그들을 죽음에서 구원하시지 않으실 것이라는 말입니다.

그래서 19절에서는 그들이 "영원히 빛을 보지 못한다"고 선언합니다.

자신들의 재산을 의지하고 그 힘으로 약자들을 괴롭히던 악한 부자들이 만약 시인의 경고를 계속 무시한다면 그들은 영원히 심판을 받을 수밖에 없습니다.

20절이 그들의 묘비명이 될 것입니다. "아무리 영화를 누려도 깨닫지 못하면 멸망하는 짐승들처럼 되고 만다." 다르게 표현하면 이렇습니다. '말 안 듣다가 영원한 파멸에 이르다.'

하나님께서 그들을 죽음에서 건지실 수 없는 이유는 그들에게는 돈이 하나님이기 때문입니다. 말로는 하나님을 섬긴다고 하면서도 실상은 돈을 섬기고 돈을 더 의지합니다.

6절에 보십시오. 그들은 재물을 '의지하고' 돈 많은 것을 '자랑하는' 사람입니다. 둘 다 하나님께 드려져야

할 말을 재물에 드리고 있습니다. 18절에 보십시오. '축복하다'(바라크)는 말이나 '칭찬하다'(야다)는 말도 둘 다 하나님을 '송축하다' 하나님께 '감사 찬양을 드리다'는 말로 자주 사용됩니다. 이렇게 하나님보다 돈을 더 찬양하고 의지하는 사람이 어떻게 하나님의 구원을 받을 수 있겠습니까?

예수님께서 마태복음 6장 산상수훈에서 분명히 말씀하셨습니다.

"눈은 몸의 등불이니 그러므로 네 눈이 성하면 온몸이 밝은 것이요 눈이 나쁘면 온 몸이 어두울 것이니 그러므로 네게 있는 빛이 어두우면 그 어둠이 얼마나 더하겠느냐 한 사람이 두 주인을 섬기지 못할 것이니 혹 이를 미워하고 저를 사랑하거나 혹 이를 중히 여기고 저를 경히 여김이라 너희가 하나님과 재물을 겸하여 섬기지 못하느니라."

영적인 눈이 어두우면 돈이 없으면 살 수 없는 줄 알고 하나님보다 돈을 섬기게 됩니다. 그러다가 자기도 모르게 하나님을 잊어버리고 영원한 죽음으로 가게 되는 것입니다. 아무리 하나님께서 죽음에서 그들을 건져주시려고 해도 하나님께서 내미신 구원의 손길을 잡을 수 없는 것입니다.

바울은 디모데전서 6장 9-10절에서 이렇게 말씀합니다.

"부하려 하는 자들은 시험과 올무와 여러 가지 어리석고 해로운 욕심에 떨어지나니 곧 사람으로 파멸과 멸망에 빠지게 하는 것이라. 돈을 사랑함이 일만 악의 뿌리가 되나니 이것을 탐내는 자들은 미혹을 받아 믿음에서 떠나 많은 근심으로써 자기를 찔렀도다."

하나님을 돈보다 더 사랑하면 욕심 때문에 결국은 파멸과 멸망에 빠지게 됩니다.

누가복음 12장 15절 이하에 보면, 예수님은 "삼가 모든 탐심을 물리치라 사람의 생명이 그 소유의 넉넉한 데 있지 아니하니라" 하고 말씀하신 후에 어리석은 부자 비유를 드십니다.

한 부자가 농사를 지어서 많은 곡식을 수확했습니다. 곡식을 쌓을 곳이 모자라서 곳간을 더 넓게 확장하고 거기에 곡식과 돈을 쌓아두고 평생을 평안히 먹고 마시고 즐거워하리라는 계획을 세웁니다. 그 때 하나님께서 그에게 말씀하십니다. '어리석은 자여 오늘 밤에 네 영혼을 도로 찾으리니 그러면 네 준비한 것이 누구의 것이 되겠느냐' 그러면서 결론을 내리십니다. 자기를 위하여 재물을 쌓아 두고 하나님께 대하여 부요하지 못한 자가 이와 같으니라.

하나님께서 우리의 생명의 주인임을 기억해야 한다는 말입니다. 사람의 생명이 소유의 넉넉한 데 있지 않음을 기억해야 합니다. 돈이 영생을 보장하지 못합니다. 그런데 돈에 목숨을 걸고, 그 돈 때문에 약자들을 괴롭히면, 결국은 하나님을 볼 수도 없고 그분의 구원도 받을 수 없다는 말입니다. 돈 때문에 결국은 영원히 파멸하고 마는 것입니다.

사랑하는 성도 여러분, 부자가 설치고 돈 많은 사람들이 악하게 괴롭힐 때 두려워하지 마십시오. 그들은 결국 죽습니다. 더 무서운 것은 그렇게 죽고 나면 그들은 영원히 하나님의 구원을 받지 못합니다.

사랑하는 성도 여러분, 혹시 하나님보다 소유, 돈, 권력, 명예 등을 더 의지하지 않습니까? 이 모든 것들이 우리에게 영생을 보장하지 못함을 기억하십시오. 오직 하나님만이 우리를 죽음에서 건져주십니다. 재물을 의지하다가 죽음이 목자가 되는 어리석은 삶에서 벗어나 오직 하나님이 목자가 되셔서 영생을 누리시는 저와 여러 분들이 되기를 축복합니다.

　　악한 부자들을 두려워하지 말아야 할 세 번째 이유 는 하나님께서는 하나님을 의지하는 의인은 반드시 죽 음의 권세에게 건져내시기 때문입니다. 15절을 다 같이 읽겠습니다.

　　그러나 하나님은 나를 취하실 것이기에/ 내 영혼을 스올의 권세에서 속량하실 것이다

　　'그러나' 역접입니다. 악한 부자들은 구원하시지 않지만 '나'는 하나님께서 죽음의 권세에서 속량하신다 고 선언합니다. 그러면 '나'는 누구입니까? 14절에 보면 '정직한 자들이 어리석은 부자들을 다스린다'고 합니다. 악한 부자들에 의해서 조롱당하고 핍박을 받던 시인과 같은 하나님의 자녀가 정직한 자들입니다. 말씀대로 살 아서 때로는 가난할 수밖에 없는 의인들을 말합니다. 재 물이 아니라 하나님만을 믿고 의지하는 사람들을 말합 니다. 하나님께서는 의인을 반드시 죽음의 권세로부터 값을 지불하고 사셔서 취하실 것이라고 합니다. 영원한 하나님나라로 영접하실 것이라고 하십니다.

시편 23편에서는 여호와가 나의 목자라고 고백함으로 시작하고, 여호와의 집에서 영원히 거할 것을 확신하면서 끝나고 있습니다. 재물이 아니라 하나님을 믿는 의인의 길입니다. 악하고 교만한 부자의 종말이 죽음이면, 의인의 종말은 생명입니다.

하나님께서는 예수 그리스도를 통하여 우리를 죽음에서 건져내십니다. 예수님을 믿고 하나님의 자녀가 된 자들은 이미 죽음의 권세로부터 구원을 받아 하나님께 환대를 받은 자들입니다. 성령께서 이 땅에서 우리를 지키시고 영원한 하나님나라로 인도하실 것입니다.

누가복음 16장 19절 이하에는 부자와 거지 나사로의 비유가 나오고 있습니다.

거기에 보면 살았을 때는 부자는 호화롭게 살고 나사로는 비참하게 삽니다. 그러나 죽은 이후에는 "거지는 천사들에게 받들려 아브라함의 품이 들어가고 부자는 음부에서 고통 중에 있게 된다"고 말합니다. 전세가 역전되었습니다. 그리고 죽은 후에는 아무리 그곳을 나오고 싶어도 나올 수 없다고 합니다. 이 예는 하나님을 의지하는 정말 가난한 사람의 운명과 이 세상에서 온갖 부귀영화를 누리며 그것을 의지하던 악인의 운명이 역전되는 이야기입니다.

사랑하는 성도 여러분, 짧은 인생 부귀영화를 의지하다가 영생을 놓치시겠습니까? 아니면 가난하더라도 돈보다 주님을 더 의지하셔서 영원히 풍성한 삶을 사시겠습니까? 예수님을 믿는 우리는 살아서도 하나님나라의 삶을 살게 되고, 마지막 날에는 이 세상 어떤 부귀영화로도 바꿀 수 없는 아름답고 풍성한 삶을 누리게 될 것입니다. 그것이 영생입니다. 돈이 아니라 하나님을 믿는 의인들만이 이 생명을 누리게 됩니다.

사랑하는 성도 여러분, 돈 때문에 걱정 많으시죠? 돈 많은 사람들이 부럽기도 하시죠? 그리고 돈과 권력으로 위협하는 사람들에게 어려움을 당하기도 하시죠? 하지만 사랑하는 여러분, 그런 사람들을 부러워하거나 두려워할 필요가 없습니다.

첫째는 그들은 죽을 것이기 때문입니다. 둘째는 그들은 한 번 죽으면 영원히 그 죽음에서 벗어나올 수가 없기 때문입니다. 셋째는 우리는 '가난한 자'이지만 하나님을 의지하면 하나님께서 우리의 영혼을 지키시고, 영원히 살게 하실 것이기 때문입니다.

우리가 부자라면 경고를 받아야 합니다. 재물이나 우리가 가진 것들, 하나님이 우리에게 주신 것들을 하나님보다 더 의지하면 심판받을 수밖에 없음을 명심해야 합니다.

　우리 모두 하나님을 의지하셔서 영원한 하나님나라를 누리는 참된 부자가 되시길 진심으로 축복합니다.

세 번째 설교

시편 113:1-9 "낮은 자를 일으키러 오시다"

누가복음 2장 14절에 보면 천사들이 아기 예수의 탄생을 축하하며 하나님을 찬양하고 있습니다. 그 가사는 이렇습니다.

"지극히 높은 곳에서는 하나님께 영광이요 땅에서는 하나님이 기뻐하신 사람들 중에 평화로다."

예수님의 탄생이 하나님께는 영광이 되고 땅에서는 그분을 맞이하는 사람들에게 평화가 된다는 말씀입니다.

사랑하는 성도여러분, 하나님이신 분이 인간의 몸을 입고 이 땅에 오신 것, 그것도 가장 낮고 낮은 곳으로 오신 것이 온 세상에 평화를 가져다줍니다. 그것이 하나님의 뜻을 이룹니다.

오늘 우리가 함께 읽은 시편은 하나님이 낮고 낮은 인간들에게 오신 것이 처음이 아님을 노래하고 있습니다. 4~6절을 함께 읽어보겠습니다.

여호와는 모든 나라보다 높으시며/ 그의 영광은 하늘보다 높으시도다

여호와 우리 하나님과 같은 이가 누구리요/ 높은 곳

에 앉으셨으나

　스스로 낮추사/ 천지를 살피시고

　시인은 우리 하나님은 이 세상의 어떤 인간 왕들이
나 권세자들보다 더 높다고 말합니다. 이스라엘의 하나
님 여호와만이 유일한 신이시고 온 세상을 지으신 살아
계신 하나님이라고 합니다.

　우리가 믿는 하나님보다 더 높은 분은 없습니다. 우
리가 믿는 하나님 외에 다른 신은 없습니다. 우리가 믿
는 하나님은 이 세상과 우리 인생의 주인으로서 온 세상
을 당신의 뜻으로 다스리십니다. 그래서 마음 놓고 우리
삶을 그분께 맡길 수 있습니다.

　그런데 더 놀라운 것은 이렇게 높으신 하나님이 스
스로를 낮추신다는 사실입니다. 6절에 보십시오. "스스
로 낮추사 천지를 살피십니다." 스스로 낮추셔서 우리가
어떻게 사는지를 보시고 우리를 돌봐주십니다. 하나님
은 저 높은 하늘에서 팔짱끼시고 고통당하는 우리를 그
저 쳐다보고만 계시는 분이 아니라는 말씀입니다. 이 세
상을 창조하신 후부터 지금까지 스스로 낮추셔서 우리
의 고통을 함께 아파하셨고, 우리의 고통을 해결해주셨
다는 것입니다.

높으신 하나님은 죄를 범한 아담과 하와에게 바로 찾아와 주셨고 타락한 세상 환경에서 보호하신다는 표시로 가죽 옷까지 지어 입히셨습니다.

높으신 하나님은 이스라엘이 이집트 왕의 노예로 혹독한 노역에 시달릴 때 그들의 신음 소리를 들으시고 그들 가운데로 내려오셨습니다. 그래서 그들을 괴롭게 하던 바로 왕의 압제를 물리치시고 이스라엘을 구원해내셨습니다. 이스라엘이 약속의 땅으로 갈 때에는 광야 한가운데 백성들과 함께 텐트를 치시고 그들을 불기둥 구름기둥으로 인도하셨습니다.

오늘 우리가 읽은 시편부터 118편까지를 유대 전통에서는 '출애굽 할렐'이라고 부릅니다. 출애굽 시에 하나님께서 낮고 천한 노예인 이스라엘을 스스로 찾아오셔서 그들을 건져주신 것을 기념하고 찬양하는 노래입니다. 예수님이 마지막 만찬 때 유월절을 지키시면서 제자들과 함께 부르셨던 노래 중의 하나가 이 시편입니다.

이스라엘이 가나안 땅에 들어간 후에도 높으신 하나님은 자기 백성들의 신음 소리에 귀를 기울이시고 대적들을 물리쳐주셨습니다. 솔로몬이 지은 성전에 내려오셔서 자기 백성들과 만나시고, 그들의 탄식을 들으시고, 그들의 기도를 응답해주셨습니다. 선지자들에게 성령으로 임하셔서 이스라엘이 가야할 길을 말씀해주시기도 했습니다. 이 모든 것이 높으신 하나님께서 친히 낮아지셔서 하신 일입니다.

하나님은 불순종한 이스라엘이 바벨론에 포로로 잡혀갔을 때도 그들과 함께 가셨습니다. 그들 가운데서 성소가 되어주시고 고통당하는 그들과 함께 하셨던 것입니다. 70년이 지난 후에는 그들을 다시 약속의 땅으로 돌아오게 하셨습니다.

높으신 하나님은 우리가 죄를 지은 순간에도 우리를 외면하지 않고 찾아오셔서 우리의 죄를 고쳐주시길 원하시고, 죄 때문에 우리가 당하는 고통에서도 구원해주시길 원하십니다. 하나님은 지극히 높은 보좌에 계시지만 낮아지시고 낮아지셔서 더 이상 낮아지실 곳이 없는 곳까지 낮아지셨습니다.

그 곳이 어디겠습니까? 바로 아기 예수가 누워 있는 베들레헴의 한 외양간 구유입니다.

이 구유는 이 세상에서 가장 낮은 곳, 이 세상에서 가장 비참한 곳, 이 세상에서 가장 고통스러운 곳을 상징합니다. 예수님은 다윗의 후손 왕으로 오셨지만 화려하고 아늑한 왕궁에서 고통당하는 백성들을 호령하지 않았습니다. 자기 백성들이 가장 고통당하는 곳, 자기 백성들 중에서 가장 낮은 자들이 있는 곳, 자기 백성들이 가장 힘들어 하는 죄악의 현장에서 태어나셨고, 그들과 함께 자라셨고, 그들의 고통을 함께 당하신 후에, 그들을 죄와 사망의 권세에서 구원하시기 위해서 십자가를 지셨습니다. 우리의 낮고 천한 삶을 친히 짊어지셔서 우리를 높여주시길 원하신 것입니다.

사랑하는 여러분, 우리의 삶은 어떻습니까? 교회 내에도 사회에서 소외되고 낮은 곳에 사시는 분들이 많습니다. 하지만 사회적으로 소외되고 장애를 가지고 있고 가난한 사람들만 힘든 것은 아닙니다. 남들이 보기에는 큰 집도 가지고 있고, 좋은 직장도 있고, 돈도 많지만, 가정에서의 불화로 고통당하는 사람들도 많습니다. 심각한 부부간의 불화로 우울증에 걸려서 수시로 자살을 생각하는 사람들도 많습니다. 인생 전체를 걸었던 사업이 부도가 나서 절망하는 사람들도 있습니다. 큰 질병에 걸려서 고통당하는 분들도 계십니다. 이 모든 사람들이 낮은 자들입니다.

이처럼 수많은 사람들의 울부짖음, 극심한 고통, 심각한 우리의 죄악들, 누가 해결할 수 있습니까? 서로 위로할 수 있습니다. 그러나 사람들이 그냥 서로 위로하는 것으로는 근본적으로 해결되지 않습니다. 가장 높고 높으신 하나님, 전능하신 하나님이 오셔야 합니다. 그분이 우리를 만져주셔야 하고, 우리의 상처, 아픔, 고통, 죄악을 제거해주셔야 합니다. 이 일은 하나님만이 하십니다. 그래서 예수님께서 가장 낮은 곳 베들레헴의 한 구유에 오신 것입니다.

예수님은 이전에 하나님이 계속 그렇게 해 오셨던 것처럼 죄 때문에 고통당하는 우리들과 함께 하셨습니다. 자신을 낮춰 이 땅을 보살펴주셨습니다. 많은 사람들의 배고픔을 채워주셨고, 질병을 고쳐주셨고, 죄를 용서하셨습니다. 급기야 예수님은 우리의 모든 죄와 고통을 십자가 위에서 짊어지시고 돌아가셨습니다. 우리의 죄와 고통의 문제를 근본적으로 해결해 주신 것입니다. 그리고 죄와 고통이 없는 부활의 몸으로 다시 사셔서 원래 당신이 앉으셨던 높고 높은 하나님의 보좌에 앉으셨습니다. 우리 위에 군림하시면서 우리를 호령하시기 위함이 아닙니다. 우리의 낮고 천한 삶을 예수님의 높고 존귀한 삶으로 부활시키기 위함입니다.

쉽게 말하면 예수님을 믿으면 모든 죄와 고통이 제

거되고 우리는 참으로 고귀하고 존귀한 하나님의 자녀가 됩니다. 우리를 얽어매던 모든 죄와 고통에서 벗어나 참된 하나님나라를 누리게 되는 것입니다.

이러한 하나님나라의 역사들이 본문 7~9절에 구체적으로 고백되고 있습니다. 함께 읽겠습니다.
"가난한 자를 먼지 더미에서 일으키시며/ 궁핍한 자를 거름 더미에서 들어 세워

지도자들 곧 그의 백성의 지도자들과 함께 세우시며

또 임신하지 못하던 여자를 집에 살게 하사/

자녀들을 즐겁게 하는 어머니가 되게 하시는도다 할렐루야!"

7절의 '가난한 자,' '궁핍한 자'는 하나님밖에는 의지할 대상이 없는 이 세상에서 가장 낮고 천하고 가장 고통을 받는 사람들을 가리킵니다. 이들이 앉았던 '먼지 더미' '거름 더미'는 하나님의 도우심이 없이는 도저히 벗어날 수 없는 극도의 고통과 가난에 대한 비유입니다. 하나님은 이 세상에서 아무리 비참하게 사는 사람도, 아무리 극악무도한 죄인도 그 구덩이에서 일으키십니다. 단지 일으켜 세우실 뿐만 아니라 이 세상에서 가장 존귀한

자들로 만들어 주십니다. 이것이 높으신 하나님께서 이 땅에 오셔서 일으키시는 운명의 역전입니다.

이집트의 노예들이 온 세상을 다스리는 하나님의 백성들이 되었습니다. 노예였던 요셉이 애굽의 총리가 되었고 사울에게 쫓겨 다니던 다윗이 이스라엘의 의로운 왕이 되게 하셨습니다.

또 하나님은 고대에서 가장 비참하게 여겨졌던 여인들인 불임 여성들의 태를 열어주셨습니다. 사라에게 이삭을 주셨고, 리브가에게 야곱과 이삭을, 라헬에게 요셉과 베냐민을, 한나에게 사무엘을 주셨습니다. 하마터면 가정과 사회에서 멸시받다가 비참하게 한 평생을 살 뻔 했던 그들을 행복한 어머니들로 변화시켜주셨습니다. 인생 역전입니다.

예수님은 아무도 주목하지 않았지만 하나님을 의지했던 신실한 처녀 마리아에게서 태어나셨습니다. 그래서 사무엘을 낳은 한나처럼 마리아도 누가복음 1장 48절 이하에서 "그의 여종의 비천함을 돌보셨다"고 찬양하고 있고, "권세 있는 자를 그 위에서 내리치셨고 비천한 자를 높이셨으며 주리는 자를 좋은 것으로 배불리셨다"고 고백하고 있습니다. 아기 예수는 그의 어머니 마리아의 비천함, 그리고 우리의 비천함을 돌보고 우리를 하나님의 존귀한 자녀로 높이려 오신 우리의 왕이십니다.

사랑하는 성도 여러분, 높으신 하나님께서 낮고 천한 우리를 높여주신 영광과 평화가 우리에게 있습니까? 그 평화를 누리고 계십니까? 이 땅에 오신 예수님이 주시는 평화가 여러분에게 있습니까?

사랑하는 성도 여러분, 살기 만만치 않은 세상입니다. 시시각각으로 고통과 슬픔과 아픔이 우리 삶을 잠식합니다. 그러나 구유 안의 아기로 오신 예수께서 그 모든 것을 다 짊어지셨고, 우리에게 세상이 이해할 수 없는 평화를 주심을 믿으십시오. 여전히 우리의 삶의 외형은 힘들고 고통스러울 수 있지만 그 모든 짐을 친히 짊어지시고 문제를 근본적으로 해결해 주신 예수님을 의지하십시오.

이제 구유처럼 더럽고 낮은 나의 삶까지 찾아오셔서 나를 존귀한 하나님의 자녀 삼아주신 예수님을 찬양합시다. 1-3절을 함께 읽겠습니다.

할렐루야, 여호와의 종들아 찬양하라/ 여호와의 이

름을 찬양하라

이제부터 영원까지/ 여호와의 이름을 찬송할지로다

해 돋는 데서부터 해지는 데에까지/ 여호와의 이름
이 찬양을 받으시리로다

가장 높으시지만 가장 낮은 곳까지 오셔서 우리를
높여주신 존귀하신 예수님을 이제부터 영원까지, 그리
고 해 돋는 데서부터 해 지는 데까지 찬양합시다. 그리
고 우리의 찬양을 통해서 이 땅에서 고통당하는 모든 낮
은 자들이 우리처럼 예수님을 믿고 존귀하게 되는 역사
가 일어나게 합시다.

찬양은 세상을 향해 있습니다. 해 돋는 데서부터 해
지는 데에까지 울려 퍼져야 합니다. 이것이 선교입니다.
우리 교회는 높으신 하나님께서 우리에게 오셔서 낮은
우리를 높이시는 복음을 찬양으로 전해야 합니다. 높으
신 예수님께서 낮은 곳으로 오셨던 것처럼, 주님의 몸으
로서 세상의 낮은 곳으로 나아가야 합니다. 우리 교회는
예수님의 몸으로서 예수님처럼 낮은 자의 교회가 되어
야 합니다. 교회는 이 땅에서 고통당하는 자들의 피난처
가 되어야 합니다. 사탄과 죄악의 압제 아래서 신음하는
사람들이 예수님을 만나서 죄에서 해방될 수 있도록 해

야 합니다.

야고보서 1장 27절에서는 "하나님 아버지 앞에서 정결하고 더러움이 없는 경건은 곧 고아와 과부를 그 환난 중에 돌아보고 또 자기를 지켜 세속에 물들지 아니하는 그것이라"고 했습니다. 세상에서 차별당하고, 불의를 당해도 의지할 곳이 없는 고아와 과부와 같은 사람들을 돌아보는 교회가 되어야 합니다. 높으신 하나님께서 낮은 자를 구하러 오셨듯, 우리도 존귀한 하나님의 자녀들이지만 세상의 낮은 곳으로 나아가야 합니다.

높으신 하나님께서 낮고 천한 우리에게로 오셨을 때 우리에게 평화가 임했습니다. 우리가 낮은 자들에게로 나아갈 때 그곳에도 평화가 임할 것입니다. 우리가 성령을 의지하여 고아와 과부들과 가난한 자들에게 나아갈 때, 그들 가운데서도 운명이 역전되는 기적이 일어나게 될 것입니다.

사랑하는 성도 여러분, 높은 하늘 영광을 버리고 낮은 우리를 구원하시러 오신 예수님을 날마다 의지하십시오. 그분의 높이시는 역전의 은혜를 날마다 누리십시오. 그리고 낮아지셔서 우리를 높이시는 그분의 은혜와 사랑을 찬양하고 우리 주변의 낮은 자들에게 나누십시오. 그렇게 할 때에 낮은 자를 높이러 오신 하나님의 은혜를 새롭게 경험하게 됩니다.

미 주

서문

1 「오직 믿음으로」(유해무, 김헌수, 정병길, 성약출판사)

2 「사귐의 환희」(최승락, 그라티아)

3 「누가 새사람인가?」(유해무, 그라티아)

1장

1 이양호, "마르틴 루터의 경제 사상," 『신학논단』 21(1993), 143.

2 이신열, "칼뱅과 디아코니아," 『고신신학』 11(2009), 128.

3 이양호, "칼뱅의 경제 사상," 『신학논단』 20(1992), 125.

4 이신열, "칼뱅과 디아코니아," 141.

5 이신열, "칼뱅과 디아코니아," 136.

6 이양호, "칼뱅의 경제 사상," 121.

7 H. G. M. Williamson, "A Christian View of Wealth and Possessions: An Old Testament Perspective," *Ex Auditu* vol. 27(2011), 8.

8 Donald E. Gowan, "Wealth and Poverty in the Old Testament: The Case of the Widow, the Orphan, and the Sojourner," Interpretation 41(no. 4, 1987), 344.

9 Gowan, "Wealth and Poverty," 347.

10 Gowan, "Wealth and Poverty," 348.

11 Gowan, "Wealth and Poverty," 350-352; Williamson, "Wealth and Possessions," 16; Christopher Levin, "The Poor in the Old Testament: Some Observations," *Religion & Theology* 8/3-4(2001), 260-262 참조.

12 Gowan, "Wealth and Poverty," 353; Williamson, "Wealth and Possessions," 8; Christopher Levin, "The Poor in the Old Testament," 257-260 참조.

13 Williamson, "Wealth and Possessions," 12-13.

14 W. Dennis Tucker Jr., "A Polysemiotic Approach to the Poor in the Psalms," Perspectives in Religious Studies, 31 no 4(Winter, 2004), 425-439 참조.

15 Tucker Jr., "A Polysemiotic Approach," 439.

16 김 태경, "시편의 경제 신학 및 경제 윤리에 관한 연구," 한국기독교신학논총 82(2012), 76-97.

17 김 태경, "시편의 경제 신학," 81-84.

18 김 태경, "시편의 경제 신학," 84-85.

19 김 태경, "시편의 경제 신학," 86-88.

20 김 태경, "시편의 경제 신학," 88-91.

21 김 태경, "시편의 경제 신학," 91-93.

22 Hans~Joachim Kraus, *Theology of the Psalms, A Continental Commentary*, trans. Keith Crim (Minneapolis: Fortress Press, 1992) 151.

23 Kraus, Theology of the Psalms, 152.

24 Kraus, Theology of the Psalms, 152.

25 Kraus, Theology of the Psalms, 152-53.

26 Kraus, Theology of the Psalms, 153.

2장

1 칼뱅은 그의 시편 9편 주석 서론 부분에서 이와 유사한 견해를 밝히고 있다. 칼뱅은 하나님께서 다윗에게 주셨던 과거의 많은 구원과 승리의 경험들을 떠올리면서 감사를 드리고, 그런 확신 가운데서 현재의 새로운 대적들로부터의 구원을 기도하는 시편이라고 한다. John Calvin, *Commentary on the Book of Psalms* vol. 1, Reprinted, trans. James Anderson (Grand Rapids: Baker Book House, 1998), 109.

2 과거의 구원에 대한 긴 감사 후에 기도를 하는 또 다른 예들은 40편, 44편, 89편, 120편 등에서 찾을 수 있다. Kenneth L. Barker(ed.), *NIV Study Bible* (Grand Rapids: Zondervan, 2002), 832.

3 Hans~Joachim Kraus, *Psalms* 1~59, A Continental Commentary, trans. H. C. Oswalt (Minneapolis: Fortress Press, 1993) 21-32; 어네스트 루카스, 『시편과 지혜서』, 박대영 역(서울: 성서유니온선교회, 2008) 51-60 참조.

4 New International Version(1984, 2011)

5 Willem A. VanGemeren, *Psalms, The Expositor's Bible Commentary*, Revised Edition(Grand Rapids: Zondervan, 2008), 145. 루터도 이런 의미로 이해하여 시편 9편은 영적인 동정녀인 믿음으로 그리스도의 신부가 된 영적인 '처녀들'의 교훈으로 본다. 이러한 이해는 그가 시편 9편 전체를 영적으로 해석하게 하는 기초가 된다. Luther's Works 10: *First Lectures on the Psalms I* Psalms 1-75 (Saint Louis: Concordia Publishing House, 1974), 91. 한편 칼뱅은 이 표제를 곡조 이름으로 본

다. John Calvin, *Commentary on the Book of Psalms* vol. 1, 109.

6 VanGemeren, *Psalms*, 144.

7 칼뱅은 '두 마음'과 대조되는 표현으로 보면서 조금의 영광도 자신이 취하지 않고 오직 하나님께만 영광을 돌리는 태도를 표현한디고 해석한다. John Calvin, *Commentary on the Book of Psalms* vol. 1, 110-111.

8 *NIV Study Bible*, 795 참조.

9 Calvin, *Commentary on the Book of Psalms* vol. 1, 111.

10 Calvin, *Commentary on the Book of Psalms* vol. 1, 112.

11 Kraus, *Psalms* 1-59, 194.

12 개역개정이나 ESV처럼 "보좌에 앉으셔서 의롭게 심판하셨나이다"로 번역할 수도 있다.

13 NIV처럼 "영원한 파멸이 대적들을 삼켰고"로 번역할 수도 있다.

14 Calvin, *Commentary on the Book of Psalms* vol. 1, 113.

15 김 정우, 『시편주석 I』(서울: 총신대출판부, 2005), 301.

16 *NIV Study Bible*, 796.

17 김 정우, 『시편주석 I』, 303.

18 VanGemeren, Psalms, 147-48.

19 Kraus, *Psalms* 1-59, 171.

20 루터는 두 단어를 '공평'과 '정의'로 번역을 하면서 공평은 하나님께서 모든 사람들을 차별 없이 대하시는 것을 가리킨다고 보고, '정의'는 각자에게 속한 것을 회복시키는 것으로 정의한다. 그에게는 '공평'이 '정의'를 위한 전제 조건이다. *Luther's Works* 10, 94-95.

21 Calvin, *Commentary on the Book of Psalms* vol. 1, 117.

22 *Hebrew Arabic Lexicon of Old Testament*

23 Kraus, *Psalms* 1-59, 195.

24 VanGemeren, *Psalms*, 148; *NIV Study Bible*, 796.

25 Kraus, *Psalms* 1-59, 195.

26 Hans-Joachim Kraus, *Theology of the Psalms*, A Continental Commentary, trans. Keith Crim (Minneapolis: Fortress Press, 1992) 150-154 요약.

27 칼뱅은 13-14절이 과거에 드렸던 기도로 보는 것에 반대하면서 현재의 새로운 대적들로부터의 구원을 간구하는 것으로 본다. Calvin, *Commentary on the Book of Psalms* vol. 1, 125.

28 Kraus, *Psalms* 1-59, 196.

29 *NIV Study Bible*, 794.

30 Kraus, *Psalms* 1-59, 196.

31 루터는 '사망의 문'과 '시온의 문'을 대비시키면서, 전자는 죽음으로 인도하는 교회와 싸우는 유대교 율법주의와 마귀의 능력이 역사하는 이방인 세력들을 가리키고, 후 자는 생명으로 인도하고 교회의 유익을 위해서 역사하는 교회 안에 있는 능력들을 가리킨다고 이해한다. 한 걸음 더 나아가서 비유적으로 보자면 '사망의 문'은 죽음으 로 영혼을 이끄는 죄의 유혹이 들어가는 육체의 성향을 가리키고, 후자는 생명의 사 역들이 나가고 말씀과 삶의 모범들이 들어가는 훈련된 성향을 가리킨다고 해석하였 다. 알레고리적으로는 믿음이 생명의 문이고 교회의 교사나 지도자들이 생명의 문 인 반면에 죽음에 이르는 절망과 질병들과 죄들이 죽음의 문이라고 한다. *Luther's Works* 10, 95-96.

32 고대의 사냥꾼들은 주로 올가미, 함정, 그물, 구덩이 등과 같은 도구들로 사냥을 했 다. NIV Study Bible, 796.

33 Hans~Joachim Kraus, *Psalms* 1~59, 21~32; 어네스트 루카스, 『시편과 지혜 서』, 박대영 역(서울: 성서유니온선교회, 2008) 88 참조.

34 VanGemeren, *Psalms*, 151. 칼뱅도 '힉가욘'이란 지시어가 '하나님의 심판들'이라 는 주제를 마음에 새기기 위해서 묵상하라는 지시어로 본다. Calvin, *Commentary on the Book of Psalms* vol. 1, 128.

35 Kraus, *Psalms* 1-59, 189; 김 정우, 『시편주석 I』, 310.

36 VanGemeren, *Psalms*, 150.

37 Kraus, *Psalms* 1-59, 196.

38 Kraus, *Psalms* 1-59, 196.

39 NIV는 5절 2행의 본문을 약간 수정하여 "주의 법이 거역당하며"로 번역하기도 한 다.

40 칼뱅도 1절의 탄식의 내용을 비유적으로 해석하면서 하나님의 품에 현재의 상황을 맡겨드리는 것으로 이해한다. Calvin, *Commentary on the Book of Psalms* vol. 1, 134-136.

41 김 정우, 『시편주석 I』, 317.

42 Calvin, *Commentary on the Book of Psalms* vol. 1, 140 참조.

43 Calvin, *Commentary on the Book of Psalms* vol. 1, 139.

44 Kraus, Psalms 1-59, 197.

45 VanGemeren, *Psalms*, 157.

46 VanGemeren, *Psalms*, 157.

47 VanGemeren, *Psalms*, 156.

48 『홀리원 주석 성경』, 809; Kraus, *Psalms* 1-59, 197.

49 『홀리원 주석 성경』, 809.

50 『홀리원 주석 성경』, 810.

51 Kraus, *Psalms* 1-59, 197.

52 Kraus, *Psalms* 1-59, 198.

53 VanGemeren, *Psalms*, 158.

54 VanGemeren, *Psalms*, 159.

55 『홀리원 주석 성경』, 810.

56 Kraus, *Psalms* 1-59, 198.

57 Kraus, *Psalms* 1-59, 198.

58 Kraus, *Psalms* 1-59, 198.

59 Calvin, *Commentary on the Book of Psalms* vol. 1, 157.

60 『홀리원 주석 성경』, 810.

3장

1 『홀리원 주석 성경』, 837. 칼뱅은 고통당하는 하나님의 백성들이 이 교훈을 통해서 인내를 가지고 하나님께서 이루실 변화를 기다릴 수 있도록 위호하는 역할을 한다고 본다. John Calvin, *Commentary on the Book of Psalms* vol. 2, Reprinted, trans. James Anderson (Grand Rapids: Baker Book House, 1998), 235.

2 Kraus, Psalms 1~59, 480.

3 Leo Purdue는 49편 4절에 있는 '수수께끼'라는 단어에 착안하여 실제로 이 시편 안에 수수께끼가 있다고 보고, 그 수수께끼에 대한 답을 주는 형식으로 구성되어 있다고 분석한다. 첫 번째 수수께끼는 20절이고 답은 12절이며, 두 번째 수수께끼는 8절과 16절로서 독자들에게 답을 구하도록 하고 잇다고 주장한다. 그의 주장은 매우 기발하기는 하지만 자신의 주장을 입증하기 위해서 근거 없이 본문을 변형시키고 있다. "The Riddle of Psalm 49," JBL vol. 93, no. 4(Dec., 1974), 533-542 참조.

4 Kraus, *Psalms* 1~59, 481.

5 J. David Pleins, "Death and Endurance: Reassessing the Literary Structure and Theology of Psalm 49," JSOT 69(1996), 20.

6 Daniel J. Estes, "Poetic Artistry in the Expression of Fear in Psalm 49," Bibliotheca Sacra Jan.-Mar.(2004), 61-62. 에스테스는 시편 49편의 주요 제재 여섯 개 중에서 두 번째로, 지혜와 이와 대조되는 어리석음과 관련되는 것을 다룬다. 시편 49편에서는 지혜로운 자는 '재물'에 대해서 죽음에서 사람을 건져낼 수 없는 한계를 인식하는 사람들이지만, 어리석은 자는 재물이 영원할 것처럼 거기에 소망을 두는 사람들을 가리킨다고 옳게 지적한다. 20절이 특별히 그것을 강조한다고 한다. 또한 에스테스는 위의 논문 63쪽에서 시 49편은 죽음을 극복할 수도 없는 어리석은 부자들이 재물로 사람들을 판단할 때 '짐승' 혹은 '양'의 차원으로 낮아지는 비참한 죽음을 당

할 수밖에 없음을 강조한다고 옳게 관찰하고 있다.

7 Pleins, "Death and Endurance," 22.

8 Pleins, "Death and Endurance," 22-23.

9 Estes, "Poetic Artistry," 61 참조. 에스테스는 20절 중에서 무려 13절에 '재물'과 관련된 단어들이 등장한다고 하면서 '재물'이라는 제재를 시편 49편의 여섯 개의 주요 제제들 중에서 가장 첫 번째로 언급하면서 시편 49편이 말하는 '재물'에 대한 네 가지의 원칙들을 제시한다. (1) 사람들은 재물을 높이 평가하고 과도하게 의지한다(7,18절). (2) 사회에는 가난한 자와 부자가 함께 연합하여 존재하지만(2절) 자주 부자가 가난한 자를 두렵게 만든다(5-6절). (3) '재물'은 죽음을 초월할 수 없는 일시적인 소유물이므로(10-12, 14, 17절) 그런 것으로 재물을 갖지 못한 사람들이 두려워하게 해서는 안 된다. (4) 재산으로 사람을 죽음으로부터 속량할 수 없다. 그것은 오직 하나님만이 하실 수 있는 일이다(7-8, 15절).

10 Estes, "Poetic Artistry," 65 참조. 에스테스는 시편 49편이 '재물'이 '죽음'을 초월할 수 없음이 강조되어 있다고 옳게 지적한다.

11 Pleins, "Death and Endurance," 24.

12 Kraus, *Psalms* 1~59, 21-32; 어네스트 루카스, 『시편과 지혜서』, 51-60 참조.

13 Kraus, *Psalms 1~59*, 481; 『홀리원 주석 성경』, 837.

14 여기서 '세상'으로 번역된 단어는 일반적인 단어가 아닌 매우 드물게 나타나는 히브리어 단어 헬레드(חֶלֶד)이다(시 17:14 참조). 에스테스는 시인이 특별히 이 단어를 사용한 것은 8절에 사용된 '부족하다'는 의미의 동사 하달(חָדַל)과의 유사한 발음을 통한 언어유희를 위한 것이라고 주장한다. Estes, "Poetic Artistry," 67-68.

15 Calvin, *Commentary on the Book of Psalms* vol. 2, 236 참조.

16 Kraus, *Psalms 1~59*, 481, 148; VanGemeren, *Psalms*, 421 참조. 루터도 이것을 인식하고 있는데 전자는 땅에서 난 낮은 자를 가리키고 후자는 지도자들과 귀족들을 가리키는 것으로 해석한다. *Luther's Works* 10, 224. 칼빈도 동일한 해석을 하고 있다. Calvin, *Commentary on the Book of Psalms* vol. 2, 236.

17 김 정우, 『시편주석 II』 (서울: 총신대출판부, 2005), 123. 루터는 시인이 이 시에서 말하고자 하는 지혜를 5절과 6-8절을 통해서 두 가지로 말한다. 첫째는 악을 두려워하지 않는 것이고 둘째는 재물을 의지하지 않는 것이다. 죄악이 우리를 정죄하지 못하기에 두려워할 필요가 없고, 재물이 궁극적으로 우리를 구원할 수 없기에 그것을 추구할 필요가 없다고 이해한다. *Luther's Works* 10, 225-226.

18 김 정우, 『시편주석 II』, 124; VanGemeren, *Psalms*, 421.

19 Kraus, *Psalms 1~59*, 482.

20 루터는 4절을 하나님의 계시의 단계를 가리키는 것으로 이해한다. 그는 시인이 지금 여기서 말하려고 하는 것은 수금의 소리와 같이 언어적으로 명확하지 않는 비유적

이고, 예언적인 말이라고 해석하고, 시편의 이 말은 그리스도에게서 그 영적인 의미가 명확하게 설명될 것이라고 본다. *Luther's Works* 10, 228-229.

21 Kraus, *Psalms 1~59*, 482; 『홀리원 주석 성경』, 837.

22 그렇기 때문에 Leo Purdue가 49편 4절에 있는 '수수께끼'라는 단어에 착안하여 20절이 수수께끼고 답은 12절이라고 주장하면서 시의 해석을 시도하고 있는 것은 무리한 것이라고 볼 수 있다. "The Riddle of Psalm 49," 533-542 참조.

23 루터는 이 단어를 창세기 25장 25절에서 야곱이 에서의 발꿈치를 잡고 나온 것과 연결시키면서 영해를 시도한다. 그는 '내 발꿈치의 죄악'에서 발꿈치는 야곱에 대항하는 에서, 영혼에 대항하는 육체, 그리스도를 대항한 유대교, 영적인 이스라엘에 대항하는 육적인 이스라엘 등으로 적용하고 있다. *Luther's Works* 10, 225.

24 칼뱅은 두 가능성을 다 인식하면서도 '나의 발꿈치들'로 번역을 하고, 악인들이 자신의 발꿈치를 밟을 정도로 극심하게 핍박하는 것을 의미한다고 해석한다. Calvin, *Commentary on the Book of Psalms* vol. 2, 240.

25 Kraus, *Psalms 1~59*, 482.

26 VanGemeren, *Psalms*, 422.

27 『홀리원 주석 성경』, 837.

28 Estes, "Poetic Artistry," 66.

29 Estes, "Poetic Artistry," 66-67.

30 Kraus, *Psalms 1~59*, 479; VanGemeren, *Psalms*, 423.

31 Kraus, *Psalms 1~59*, 479; VanGemeren, *Psalms*, 423.

32 루터도 9절을 의문문으로 번역하는 것과 유사한 견해를 취한다. 즉 자기 재물과 힘을 의지하는 자들은 마치 다른 사람들을 구원할 수 있을 것처럼 말하고(7절), 경건하고 의로운 지혜자가 죽는 것을 보면서도(10절), 자신은 영원히 살 것처럼 행동한다는 것(9절)이다. *Luther's Works* 10, 226-228.

33 Kraus, *Psalms 1~59*, 482.

34 Kraus, *Psalms 1~59*, 482.

35 VanGemeren, *Psalms*, 423 참조.

36 『홀리원 주석 성경』, 837.

37 VanGemeren, *Psalms*, 423.

38 『홀리원 주석 성경』, 837. 칼뱅도 이렇게 해석하고 강조한다. Calvin, *Commentary on the Book of Psalms* vol. 2, 243.

39 VanGemeren, *Psalms*, 424; Kraus, *Psalms 1~59*, 479 참조.

40 Kraus, *Psalms 1~59*, 483. 칼뱅은 이 부분을 "땅 위에서 자신들의 이름을 부른다"로 번역하여 악인들이 자신들의 이름을 남기는 일에 몰두하는 것을 의미한다고 이해한다. Calvin, *Commentary on the Book of Psalms* vol. 2, 244.

41 『홀리원 주석 성경』, 837.

42 칠십인역과 시리아역 페쉬타는 20절과 동일하게 '깨닫지 못하다'(לֹא יָבִין)로 읽고 번역하고 있다. 하지만 두 후렴구에서의 약간의 문예적인 변화가 의미를 더욱 더 부각시키기 때문에 맛소라 본문을 유지하는 것이 더 좋은 것으로 보인다.

43 Kraus, *Psalms* 1~59, 479.

44 김 정우, 『시편주석 II』, 131.

45 VanGemeren, *Psalms*, 424.

46 Kraus, *Psalms* 1~59, 479.

47 『홀리원 주석 성경』, 837. 이러한 이미지는 가나안의 바알신화 가운데 나오는 문장을 떠올리게 한다. "모트[죽음] 신에게 가까이 가지 말라. 그렇지 않으면 너를 양과 같이 잡아 먹어버릴 것이다."

48 『홀리원 주석 성경』, 837.

49 Estes, "Poetic Artistry," 68.

50 Kraus, *Psalms* 1~59, 483–484; 『홀리원 주석 성경』, 837; Calvin, *Commentary on the Book of Psalms* vol. 2, 251–52.

51 Calvin, *Commentary on the Book of Psalms* vol. 2, 255.

4장

1 개역개정이나 ESV처럼 "보좌에 앉으셔서 의롭게 심판하셨나이다"로 번역할 수도 있다.

2 NIV처럼 "영원한 파멸이 대적들을 삼켰고"로 번역할 수도 있다.

3 NIV는 5절 2행의 본문을 약간 수정하여 "주의 법이 거역당하며"로 번역하기도 한다.

기촌